SUR GRIN VOS CONN/ SE FONT PAYER

- Nous publions vos devoirs
  et votre thèse de bachelor et master

- Votre propre eBook et livre –
  dans tous les magasins principaux du monde

- Gagnez sur chaque vente

Téléchargez maintentant sur www.GRIN.com et publiez gratuitement

Coopération Sino-Africaine et le cas de la Guinée. Évolution et nouveaux enjeux socio-économiques

Muxa Keita

GRIN ☺

Bibliographic information published by the German National Library:

The German National Library lists this publication in the National Bibliography; detailed bibliographic data are available on the Internet at http://dnb.dnb.de.

ISBN: 9783346235633
This book is also available as an ebook.

Print and binding: Books on Demand GmbH, Norderstedt, Germany
Printed on acid-free paper from responsible sources.

The present work has been carefully prepared. Nevertheless, authors and publishers do not incur liability for the correctness of information, notes, links and advice as well as any printing errors.

GRIN web shop: https://www.grin.com/document/916275

硕士学位论文

题目: 中国-几内亚合作关系发展研究

浙 江 师 范 大 学

硕士学位论文

中国-几内亚合作关系发展研究

Research on the Development of Sino-Guinean Cooperation

Autor: KEITA MOUSSA

Major：International Relations

学位授予单位：浙江师范大学

论文答辩时间：2020 年 5 月 3 日

Table des matières

Coopération sino-guinéenne : Impacts et Perspectives des nouveaux enjeux.

(Research on the Development of Sino-Guinean Cooperation : Impacts and Perspectives of New Issues.)

Abstract :

2019 marks the 70th anniversary of the founding of New China and the 60th anniversary of the establishment of diplomatic relations between China and Guinea.After the founding of New China in 1949, the Guinea was one of the first African countries to establish diplomatic relations with China, and China was the first to establish a diplomatic partnership with a black African country. One of them. Over the past six decades, China and Guinea have achieved a long-term cooperative relationship based on mutual respect for sovereignty and win-win exchanges. This paper attempts to study the recent cooperative relationship between China and Guinea within the overall framework of China-Africa relations.

The first President, Sékou Touré, deserves a great deal of credit in the history of Sino-Brazilian relations. It was through the joint efforts of a broad range of Asian, African and Latin American countries that a broad coalition of Third World countries was achieved and that the peoples of Africa and China were able to move forward. The Bandung Conference of April 1955 advocated the inclusion of African and The wider Third World, including China, worked in solidarity. Mao-era China provided what aid it could to Africa at the time, including vital infrastructure; Africa's contribution to the 1971. China's support and contribution to the restoration of China's permanent seat in the UN, with the votes of some 20 African countries playing a key role. This is an expression of gratitude by African countries for China's assistance to African countries.

Guinea voted in favour of China's return to a permanent seat in the United Nations because it has benefited from a number of technical agreements from China. With donations and loans, China has also helped Guinea build several landmark buildings and enterprises. Until the 1980s and 1990s, China's economic and trade cooperation with Guinea was still small-scale, but both sides were diplomatic In 2019, China and Guinea celebrated the 60th anniversary of the establishment of diplomatic relations, and Guinea and A twenty-year strategic agreement was reached with China providing $20 billion in funding for related projects. This is the first time since Guinea's independence that such a large-scale economic cooperation agreement has been concluded, and it demonstrates the optimistic outlook for Sino-Guinean relations. It also reflects China's responsibility as a great nation. This cooperation agreement will be an important guarantee for Guinea's socio-economic development. Guinea will become a source of bauxite resources for China, providing an impetus for China's continued development and promoting short- and long-term Sino-African cooperation. Economic development. China's investment in Guinea will focus on three priority sectors: agriculture, energy and transport infrastructure development. These developments will enable Guinea not only to meet its economic development challenges, but also to attain a relevant strategic position in the West African subregion. .

At the same time, Guinea should fully reflect on the lessons learned from similar agreements in Africa and elsewhere in the world, and prevent certain negative factors and circumstances that could hinder the realization of these financing schemes, with the ultimate goal of creating a win-win framework for China-Africa and China-Guinea relations.

All in all, the prospects for development cooperation between China and Guinea are bright, and Guinea and China, while achieving win-win mutual benefit and common development, should also The exchange of understanding between the two peoples will be deepened. This is not only a framework for official cooperation, but also one of greater national cultural understanding and tolerance, thus truly creating a destiny for humankind. Community.

Keywords: Sino-African Relations (China-Africa); Foreign Policy; Framework Agreement; Global Package; Foreign Direct Investment (FDI); Challenges and Perspectives.

Résumé

Le cadre spécifique de la Guinée dans les relations Chine-Afrique, constitue l'objet de ce mémoire. La Guinée et la Chine voient en cette année 2019, les soixante années de l'établissement de leurs coopérations basées sur l'amitié, le respect réciproque des souverainetés et les échanges gagnant-gagnants. L'histoire des rapports sino-guinéens est autant vieille que les rapports sino-africains, établis au lendemain de la proclamation de la Chine moderne, le 1er octobre 1949. Soixante ans d'amitié sino-guinéenne, placent la Guinée sans doute comme l'un des premiers partenaires de la République Populaire de Chine dans le monde, et particulièrement comme le premier partenaire de la Chine en Afrique noire. Dans la constance et le respect mutuel, les autorités Guinéennes et Chinoises ont traversé les épreuves du temps pour arriver jusqu'à ce jour. Les contraintes de la Guerre froide et celles des politiques d'ajustement structurel imposées par les Institutions de Breton Woods (Fonds Monétaire International et Banque Mondiale) ont successivement été à la fois responsables du rapprochement et l'éloignement des deux pays. Il est à tenir compte des changements socio-politiques internes dans les deux pays, qui ont également influencé l'axe de coopération Chine-Guinée. Cependant malgré les aléas du temps, les deux pays sont demeurés de partenaires fidèles et constants dans leurs lignes de politiques étrangères.

Sans doute comprendre les relations sino-guinéennes, c'est comprendre les relations sino-africaines dans un cadre général. La Guinée ; pionnière de l'axe de coopération Chine-Afrique, s'est investie à travers le leadership prôné par son premier président Sékou Touré, de rapprocher les peuples africains et chinois. Sur les sentiers des luttes communes, les dirigeants africains et Chinois ont su s'affranchir de l'emprise de la politique des blocs (Américains et Soviétiques), en établissant un troisième monde. Le tiers-monde, déclaré du 18 au 24 avril 1955 à Bandung, à servi d'un cadre idéal de rapprochement des peuples africains et chinois. Les premières périodes de ces rapports ont été largement dominées par l'idéologie. La Chine de Mao apparaît pour l'Afrique tel un donateur historique et un allié diplomatique. Plusieurs infrastructures de base de développement ont vu jour dans ces premiers moments. En effet, l'Afrique a répondu massivement à l'appel de la Chine pour être admise aux Nations Unies le 25 octobre 1971. Les votes massifs d'une vingtaine de pays africains ont été indispensables à cette admission. En même temps ces votes exprimèrent la reconnaissance de ces pays africains au regard des efforts Chinois dans le développement de leur continent. La Guinée ayant voté favorable à cette

7

admission chinoise, a bénéficié plusieurs accords techniques, de dons et de prêts. Plusieurs édifices emblématiques et unités de productions ont été mis en place grâce à la coopération chinoise. Quant aux années 80 et 90, les relations sino-guinéennes peuvent être jugées comme assez timides, cependant les deux parties ont fait montre de fidélité et de constance dans leurs politiques étrangères. C'est évident qu'il y a eu un grand écart entre les deux premiers régimes dans leurs rapports avec la Chine, mais cela en raison des changements politiques intervenus à l'intérieur des deux pays, mais aussi des changements intervenus dans le contexte international.

En cette année de 2019, le soixantième anniversaire des relations sino-guinéennes se célèbre dans un cadre assez particulier. Le pays vient de bénéficier un accord stratégique sur vingt ans avec la Chine, prévoyant un financement à hauteur de 20 milliards de dollars dans des projets prioritaires. C'est une première depuis l'indépendance du pays de décrocher un tel accord-cadre, les enjeux sont énormes et les espoirs aussi. Cet accord montre, le regain d'optimisme dans les relations sino-africaines, après plus d'un demi-siècle de relations. Pour les guinéens, il s'agit d'un gage de l'émergence du pays et donc de développement. Quant aux chinois, il s'agit de la poursuite des objectifs centenaires de la Chine à savoir : le centenaire de la création du Parti Communiste Chinois (PCC) en 2021 et celui de la fondation de la République Populaire de la Chine en 2049. L'accord du 05 septembre 2017 s'explique en clair, comme un troc de matières premières contre infrastructures. Ainsi la Guinée intègre la stratégie globale d'approvisionnement de la Chine en ressources naturelles notamment la Bauxite, afin de pérenniser la dynamique de développement, dirigée vers une économie de moyenne aisance à court terme, et une économie développée à long terme. Pour la Guinée, les récents engagements chinois croissants dans divers secteurs de l'économie sont d'une importance capitale. Concernant le *paquet global*, c'est une offre exceptionnelle, qui permettrait au pays de développer trois secteurs prioritaires : Agriculture ; Energie et Transport. Le développement des infrastructures permettra au pays de relever non seulement le défi de développement mais aussi d'acquérir une place stratégique dans la sous-région Ouest africaine.

Cependant, il revient de prévenir certains facteurs malencontreux, capables de nuire à la concrétisation de ces intentions de financement. La Guinée devrait s'inspirer des cas de réussite et d'échec de similaires accords en Afrique et ailleurs dans le monde. La corruption et le détournement des financements sont des vices contre lesquels, la lutte devrait être acharnée. La protection de l'environnement et le respect des droits de l'homme ou les droits des travailleurs, doivent être des éthiques à observer. L'objectif final, est de préserver le cadre gagnant-gagnant des rapports sino-africains et sino-guinéens en particulier.

Bref, l'espoir demeure considérable dans les rapports sino-guinéens, comme facteur de développement et de bénéfices mutuels entre Guinéens et Chinois. Ces rapports comme ils se poursuivent ce jour sont promis à un bel avenir, qui s'affranchiront du cadre officiel pour devenir plus en plus inclusif et donc, la création d'une *communauté de destin commun*.

Les mots Clés

Relations sino-africaines (Chine-Afrique) ; Politique étrangère ; Accord-cadre ; paquet global ; Investissements Directs Etrangers (IDE) ; Enjeux et Perspectives.

Introduction générale

1. PRESENTATION GENERALE DU SUJET

Au sortir de la seconde guerre mondiale de 1945, l'heure est à la réorganisation d'un monde fort marqué par les stigmates des conflits. L'agenda mondial demeure chargé, entre autre : la décision sur le sort des vaincus ; l'Allemagne et ses alliés, la reconstruction d'une Europe autrefois théâtre d'intenses combats, la mise-en place d'un nouvel ordre mondial (ONU), les rivalités montantes entre l'Est et l'Ouest avec l'expression annonciatrice de Wilson Churchill (premier ministre anglais) : « le rideau de fer », s'étant abattu sur l'Europe du Nord au Sud en la divisant en deux. Bref, tout est à refaire au lendemain de la seconde guerre mondiale. Cependant un autre facteur bouleversera bientôt le cours de l'histoire, jusque-là dominé par la rivalité entre l'occident et l'Est. Il s'agit de la poussée des émancipations politiques en Asie et en Afrique. D'abord les pays asiatiques amorcèrent les premières revendications politiques respectives entre 1945-1955. L'Inde et le Pakistan en 1947, la Chine en 1949, l'Indonésie en 1950, l'Indochine entre 1950-1953 et les deux Corées entre 1950-1953. Ces principaux pays intègrent le concert des nations tout en modifiant la carte mondiale. Quid des pays africains ? Les leaders africains ne tarderont pas à emboiter les pas de leurs homologues asiatiques. En effet les indépendances furent massives dans le continent dès les années 60. Cette décennie fait référence à des indépendances dans le continent africain, même si nombreux sont ces pays qui continuèrent à lutter pour leurs émancipations jusqu'en 1975-1990. Ces vagues de décolonisation arrivent dans un contexte de guerre froide, qui influencera les politiques étrangères de ces jeunes Etats. Ceci marque une autre lutte, dans laquelle ces nouveaux Etats tenteront de s'affranchir de toute forme de domination étrangère.

L'histoire en Guinée se démarque largement de celle des autres colonies françaises d'Afrique, et mérite un accent particulier. Le pays derrière son leader Ahmed Sékou Touré, va bientôt frapper le reste du monde de stupéfaction, en faisant cavalier seul sur le sentier de son émancipation politique. Le referendum du 28 septembre 1958, a vu le plébiscite du Non[1] au détriment du Oui. Ainsi la Communauté française proposée par la France de De Gaule, est refusée. *« Nous préférons la liberté dans la pauvreté à la richesse dans l'esclave. »*, est la

---

[1] Non : on totalise suite au vote du 28 septembre 1958 : pour le Non 1136324 avec 95,22% et pour le Oui 56981 avec 4,78%.

phrase qui servira de refrains à toutes les chansons populaires, et sera citée dans tous les discours des leaders du pays à travers les tribunes du monde. Le 02 octobre 1958, le pays devint la première colonie française à proclamer son indépendance, et réalise très tôt que l'indépendance est loin d'être une fin en soi. Admise le 12 décembre 1958 à l'organisation des Nations Unies au 82eme rang, la Guinée découvre ses premiers pas dans une aventure internationale, fortement soumise aux exigences des rivalités russo-américaines. La guerre froide ne laisse que deux choix au nouvel Etat indépendant. Entre l'Est et l'Ouest, le pays opte pour le « *neutralisme positif* ». En réalité la Guinée bien qu'en prônant ce neutralisme, était plus proche de l'Est que de l'Ouest. Cependant à travers ses leaders, le pays est accueilli sur le tapi rouge dans les capitales de toutes les parties prenantes aux hostilités. D'Est à l'Ouest, les leaders du pays n'ont cessé de multiplier les dépêches diplomatiques en vue de répondre aux demandes internes. La République Populaire de Chine, devenue championne du tiers-monde au lendemain de la conférence de Bandung en 1955, insuffle un nouvel espoir dans la coopération sud-sud. Les leaders guinéens et chinois attachés aux mêmes valeurs dont les priorités sont : la lutte contre l'impérialisme occidental et la justice internationale, vont sceller les clauses d'une amitié qui ne tardera à inspirer tout le reste du continent africain.

Le 04 octobre 1959[2], La jeune République Révolutionnaire de Guinée et la République Populaire de Chine (RPC), ont les deux par un communiqué, officialisé l'établissement de leurs relations diplomatiques. Ces déclarations conjointes ne vont guère tarder à se matérialiser en début janvier 1960, par l'ouverture de l'ambassade de la République Populaire de Chine à Conakry ; capitale guinéenne. C'est l'entame d'un tournant diplomatique à la fois entre la Guinée et la Chine mais aussi entre la Chine et l'Afrique toute entière. La reconnaissance du principe d'une seule Chine, prônée par la Chine continentale observée par la Guinée, deviendra bientôt une tendance qui fera tâche d'huile partout à travers le continent africain. C'est ainsi que le 25 octobre 1971, lors de la 26ème session de l'Assemblée Générale de Nations Unies, le plébiscite d'une vingtaine de pays africains a été déterminant voire indispensable dans l'admission de la RPC aux Nations Unies, en occupant ainsi un siège au Conseil de Sécurité, jusque-là dévolu à son rival de Taiwan. L'euphorie qu'a suscité cette reconnaissance internationale pour la RPC, pouvait se lire à travers les visages des deux émissaires du pays à

---

[2]André Lewin Ahmed Sékou Touré (1922- 1984). Président de la Guinée de 1958 à 1984. Paris. L'Harmattan. 2010. Volume I. 236 pages chapitre 37 — 4 octobre 1959. La guinée est le premier pays d'Afrique occidentale à établir des relations avec pékin, p240.

l'époque à savoir : Qiao Guanghua (chef de la délégation) et Huang Hua (un des corédacteurs du livre « *Le rêve chinois et le monde* »). Ainsi on est en mesure d'évaluer l'euphorie du peuple chinois derrière ses dirigeants communistes, à jubiler d'allégresse. C'était une victoire dans l'histoire d'une Chine moderne proclamée le 1er octobre 1949 par son leader Mao Zedong. Cette consécration rendue possible grâce aux soutiens massifs africains, était à la fois l'aboutissement d'une longue lutte, mais aussi le départ d'un nouvel axe de coopération qui s'imposera au fil du temps, comme le plus important pour l'Afrique. L'Afrique et la Chine pactisent une amitié dont le symbole est désormais les mains étreintes.

1.1. Délimitation spatiale

Le cadre spatial de ce mémoire s'applique aux relations bilatérales entre la Guinée et la Chine, deux pays amis depuis 1959. En cette année de 2019, les deux pays vont souffler les bougies du soixantième anniversaire de l'établissement de leurs relations bilatérales. Inexorablement, les relations sino-guinéennes se révèlent les plus anciennes. Quant au regard de leurs évolutions, elles se sont montrées parmi les plus constantes du continent. Cette relation bilatérale est également la plus ancienne coopération chinoise en Afrique sub-saharienne. Le président guinéen ; Ahmed Sékou Touré eut le privilège d'être le premier président africain à être reçu sur le sol chinois, avec tous les honneurs qu'exige la visite d'un président en 1960[3]. Chose qui dénote l'étroitesse entre les relations sino-guinéennes et celles de l'Afrique en général. A l'issue de 60 ans d'amitié, de solidarité, les relations sino-guinéennes sont soumises aux aléas du temps et aux volontés des différents leaders qui se sont succédé au pouvoir de Pékin et de Conakry. Les premières heures furent idéologiques et anticipent les deux pays dans les luttes de libérations nationales, mais aussi marquées par les dons et réalisations d'infrastructures de base en Guinée. A la mort de Mao, la Chine de Deng Xiaoping engagée dans de vastes réformes d'ouverture, engendre de nouvelles règles dans les coopérations du pays avec le reste du monde, notamment l'Afrique. La visite du premier ministre chinois Zhao Ziyang en 1982, dans onze pays d'Afrique, servit d'occasion pour les nouvelles autorités chinoises d'expliquer le contenu des nouvelles règles dans la politique d'aide du pays. « *Au fil du temps, la Chine envisageait de détourner l'attention de son aide et de se tourner vers diverses autres formes d'engagement qui « profiteraient aux deux partenaires... La coopération économique entre pays pauvres ne peut*

---

[3] Wu Yuan, La Chine et l'Afrique, china international presse 2006, page 32.

pas être maintenue », a conclu sobrement le magazine. *"Si elle se limite à une aide à sens unique. "* »[4]. Écrivait ainsi Deborah Brautigam, en expliquant l'évolution de l'aide chinoise en Afrique. C'est le début d'une coopération ayant pour mot d'ordre l'aide « *mutuellement bénéfique*[5] ». Quant à la Guinée, en 1984 la deuxième république s'établit aux commandes et sera bientôt confrontée aux exigences dictées au nom de l'ajustement structurel. Les aides chinoises n'ont pas cessé mais elles ont changé de forme, désormais avec le principe d'intérêts réciproques ou le concept de « *bénéfices mutuels* » comme dénotait également Déborah dans son livre : « *The Dragon's gift- The real Story of China in Africa* ».

Cependant l'exploration des relations sino-guinéennes quoique nécessaires en partie à la compréhension générale des rapports sino-africains, exige d'être abordées dans un cadre plus large, qui est celui des relations sino-africaines. Les écrits de Wu[6] Yuan, ont révélé que les contacts entre chinois et africains sont plus anciens que les premiers bateaux d'explorateurs européens, notamment : Bartolomé Dias (1488), Vasco de Gama (1497) Mungo Park 1800, Pierre Savorgnan de Brazza (1880)... Ils transcendent également les premières grandes expédions chinoises entre 1405-1433, menées par « l'Amiral des mers » Zheng He. *« Déjà au IIe siècle avant JC*, écrit-il Wu Yuan, *la dynastie chinoise des Han (206 avJC-220) se livra à un échange indirect de produits spéciaux de valeur avec l'Afrique. Grace à la « Route de la soie » frayée par le célèbre ambassadeur chinois Zhang Qiang (? -114 av JC), l'or et la soie produits en Chine atteignirent la rive sud de la Méditerranée. »*[7]. Ces écrits bien que controversés, laissent croire que les échanges sino-africains remontent de l'antiquité, et à travers les commerçants interposés, les produits chinois notamment l'or, la soie et la porcelaine ont atteint l'Afrique. Il semble que la reine Cléopâtre VII, alors qu'elle était reine en Egypte, s'habillait de la soie chinoise au premier siècle avant JC. L'influence de la soie chinoise, vitrine et spécialité exclusive de la Chine, a fait connaître l'existence d'un Grand Empire oriental, à

---

[4] Deborah Brautigam, Dragon's Deal- The real story of China in Africa, Oxford University presse 2009, page 71.

[5] Ainsi répondait Monsieur Xinghua, ancien ambassadeur devenu professeur en relations internationales à l'université à Pékin. Celui-ci résumait en sorte l'évolution de la coopération chinoise en Afrique qu'on peut lire dans : « La Chinafrique-Pékin à la conquête du continent noir », Editions Grasset et Fasquelle, 2008, page 40-41.

[6] Wu Yuan, est l'auteur de la Chine Afrique, document largement diffusé en 2006 à l'occasion du premier sommet sino africain tenu à Beijing dans le cadre du FOCAC.

[7] Ibid. p20.

travers toute l'histoire de l'antiquité. Les tracés des premières routes commerciales et leur fluidité doivent largement leur succès aux spécialités chinoises, appréciées de tous.

1.2. Délimitation temporelle

De 2010 à nos jours, la coopération sino-guinéenne s'est hissée parmi les plus importantes en termes d'échanges de capitaux d'investissement. Le pays comptabilise plus de 10 milliards de dollars d'investissements allant à la fois du partenariat public-public au public-privé. On se souvient également de l'accord sur le paquet global entre les deux pays, s'élevant jusqu'à 20 milliards de dollars. Cet accord de 05 septembre 2017 est une intention de financement qui s'effectuera sur vingt ans, c'est à dire de 2017 à 2036. En effet le cadre temporel de ce mémoire commence avec pour borne inférieure 2010 jusqu'à nos jours. Le travail offrira une analyse des nouveaux engagements de la Chine en Guinée, les avantages à tirer et les risques ou problèmes à éviter pour que soient totalement effectifs les financements prévus. Depuis l'avènement de la troisième république en 2010, sous la présidence du Pr Alpha Condé, la Guinée semble renouer à ses racines du point de vue de sa politique étrangère. On se rappelle de l'emblématique phrase du nouveau président à l'occasion de son discours d'investiture, *« la Guinée is basck »*. La *« Guinée is back »* n'est plus un vain mot car l'expérience démontre un regain de confiance entre le pays et ses anciens partenaires, parmi lesquels la République Populaire de Chine à l'avant-garde. Depuis 2010 le président Guinéen à réaliser environ 4 visites d'Etats en République Populaire de Chine, Pékin et Conakry n'ont jamais été si proches. Les dépêches entre entrepreneurs chinois et guinéens, souvent accompagnant leurs responsables politiques, sont devenues plus que fréquentes. Partout à travers le pays les grands insignes de sociétés chinoises sont de plus en plus visibles. Quant aux médias on ne cesse d'en parler, les petits écrans n'arrêtent de faire défiler les images de poses de premières pierres ou de la coupure de rubans dans les inaugurations, par le président accompagné d'entrepreneurs chinois. Les discours se clôturent par des promesses. L'axe sino-guinéen se porte encore plus mieux depuis 2010. Ces changements survenus dans moins de dix ans méritent aujourd'hui un intérêt particulier, d'où l'objet de ce mémoire.

Cependant, comme le veut un adage populaire, qui conseille que pour mieux sauter, il faut prendre le soin de reculer de quelques pas en arrière. Alors le mémoire se donnera pour devoir d'un travail d'historien. C'est-à-dire, une grande partie sera consacrée à l'évolution dans le temps des relations sino-africaines en général et spécifiquement les rapports sino-guinéens. Ce travail permettra d'une part de comprendre les circonstances dans lesquelles ont été scellées les relations sino-africaines en général, et en particulier mettra en lumière le rôle de la Guinée dans l'émergence dans ces rapports. La République de Guinée apparaitra comme un allié historique de la Chine en Afrique francophone, et cela grâce au militantisme de son président Ahmed Sékou Touré. Ce travail historique ne devrait pas nous faire perdre de vue, le véritable objet du mémoire. Il s'agit de l'analyse et de la compréhension des récents engagements de la République Populaire de Chine en Guinée depuis 2010. Ces engagements nouveaux constituent l'objet du mémoire. C'est qui est une tentative de compréhension de l'actualité tout en gardant un pied dans l'histoire.

2. VALEUR ET IMPORTANCE DU MEMOIRE

1. Intérêt académique

Le mémoire aide à offrir une explication rigoureuse et scientifique à la compréhension des relations sino-guinéennes : Le travail s'affranchit des mêlées populaires souvent dominées par les contre-vérités et essentiellement basées sur les sentiments partisans. La thèse permettra de concilier l'empirisme et le rationalisme afin de dresser un tableau parfait des récentes actions nées dans le cadre des relations sino-guinéennes.

Comment offrir un cadre d'étude, de débats rigoureux sur les différents domaines de coopération entre la Chine et la Guinée ? S'affranchir des mêlées populaires souvent dominées par les contrevérités et essentiellement par les sentiments partisans et leurs contraires ? Comment concilier l'empirisme et le rationalisme afin de dresser un tableau des relations historiques de la Guinée et de la Chine plus ou moins acceptables ? Car une fois encore, l'objectif n'est pas de produire un travail qui se targuera exempté de toute imperfection. Par ailleurs le commun constat de la quasi-totalité des chercheurs guinéens, est la rareté sinon le manque criard des productions académiques dans les différents aspects nécessaires de cette coopération à la compréhension de l'élite montante. Nombreux sont des pans de la vie du pays qui demeurent non explorés par les universitaires, qui ne font pas l'objet d'étude. Parmi ces pans inexplorés, la coopération sino-guinéenne est un domaine de la coopération et de la politique étrangère du pays qui, également souffre de travaux consistants, et crédibles. Il a fallu attendre jusqu'en 2018 pour qu'une auteure guinéenne consacre un volume entier à cet axe de

15

coopération. Mme Aïssatou Diallo Bah ne tarde pas à regretter la méconnaissance de ses compatriotes sur les acquis de la coopération sino-guinéenne. L'objectif pour elle, était d'informer et d'attirer l'attention de l'opinion, ; travail d'un précurseur.

2. Intérêt historique

L'importance historique de la coopération sino-guinéenne mérite une attention particulière, car les contextes dans lesquels les deux amitiés se scellaient étaient autant si particuliers que difficiles. Dès les premiers jours d'une vie internationale par le jeune Etat guinéen, les autorités du pays furent face à un dilemme. Cela en raison de l'existence de deux Chines : une continentale appelée République Populaire de Chine, et l'autre insulaire appelée République nationale de Chine ou Taiwan. Une volteface au départ comme faisait comprendre André Lévin dans son livre. L'auteur écrit : « *De son côté, la Chine nationaliste (Formose-Taïwan) a également reçu début octobre un télégramme de Sékou Touré sollicitant la reconnaissance de la Guinée indépendante [...] Le 5 novembre, Formose reconnaît le nouvel État. Une mission se rend rapidement à Conakry, dirigée par le représentant de la Chine nationaliste à Monrovia. En avril 1959, des contacts sont pris à Berne en Suisse avec des représentants de la Chine communiste par le ministre des affaires économiques, **Lansana Béavogui** ; il en résulte une promesse de don de 5.000 tonnes de riz. La Guinée décide alors d'établir des relations diplomatiques avec la Chine de Pékin, premier pays de l'Afrique noire à le faire. Le 22 juin 1959, Wu Tiem Po, ambassadeur de Chine populaire au Maroc, se rend à Conakry en mission de contact.* [8]». Ce dilemme diplomatique a pris fin suite à la déclaration conjointe entre la République de Guinée et la République Populaire de Chine, pour l'établissement officiel de leurs relations. Cela dénote à la fois la délicatesse et le courage qu'exigeait le choix diplomatique des leaders guinéens, au profit de la Chine continentale. Le choix de la République Populaire de Chine pendant qu'elle n'avait aucun siège à l'ONU, encore moins un siège au Conseil de Sécurité, est né d'une conviction fort intéressante qui mérite d'être expliquée et retenue. Ensuite la constance de l'amitié guinéenne vouée à la Chine contrairement aux nombreux pays africains, qui n'hésitaient pas à ôter le manteau amical avec la République

---

[8] André Levin (ancien ambassadeur français en Guinée), Ahmed Sékou Touré 1922-1984- Président de la Guinée de 1958 à 1984. Paris. L'Harmattan. 2010. Volume I. Page238-239.

Populaire de Chine au profit de Taiwan comme l'attestent les faits. Cela mérite également une attention que le mémoire se donne la tâche d'examiner. Ces deux facteurs historiques montrent combien de fois l'intérêt historique pour la rédaction de ce mémoire est prééminent et capital.

3. Intérêt socio-économique

Le mémoire aide à comprendre le rôle et l'importance de la coopération sino-guinéenne : Pour la République Populaire de Chine, la Guinée intègre dans sa stratégie globale en Afrique. Celle-ci consiste à viser deux principaux objectifs, c'est-à-dire rendre effectif ses deux objectifs centenaires : Centenaire du Parti Communiste Chinois (PCC) en 2021 et celui de la proclamation de la République en 2049. Le rôle de la Guinée dans cette stratégie globale, est alors d'assurer l'approvisionnement de la République Populaire de Chine en matières premières essentielles pour son développement, en l'occurrence la bauxite[9].

Le mémoire aide à explorer les impacts réciproques des investissements Chinois en Guinée depuis 2010 : les relations entre les deux pays sont dominées par une nouvelle tendance, celle du renforcement du partenariat public privé (PPP). Il s'agit de l'accord de 8 milliards USD[10] entre le gouvernement Guinéen et la Société Chinoise China Dreal Group, pour la construction à Kipé du complexe immobilier : Plaza Diamond. Au de-là, le mémoire fait un point sur les infrastructures routières ; immobilières et énergétiques déjà réalisées. Mais aussi, il permet d'offrir une compréhension sur les investissements qui auront lieu dans les 20 prochaines années, dans les secteurs de : Energie ; Transport et Agriculture. Des projets prioritaires prévus dans l'accord stratégique de 2017 sur une intention de financement de 20 milliards jusqu'en 2036.

Le « *rêve chinois* » sinon le « *renouveau de la nation chinoise* » visant le bonheur du peuple chinois, est bien évidemment inclusif car comme le souligne le leader chinois, « *le développement du monde est indissociable à la Chine et le développement de la Chine a aussi besoin du monde* ». Cette interdépendance entre le monde et la Chine, traduit en partie

---

[9] Olivier Mbabia, La Chine en Afrique – Histoire-Géopolitique- Géoéconomie, Ellippse Edtions Marketing S.A., 2012, page 70.

[10]Aissatou Diallo Bah, Coopération sino-guinéenne-De l'aide bilatérale au partenariat public privé, éditions Harmattan Guinée 2017, p37.

également celle entre elle et l'Afrique. Egalement La Guinée est un pays qui ne peut ne pas être en reste de cette tendance. A l'indépendance, les leaders guinéens pour répondre aux défis internes ont privilégié leurs rapports avec leurs homologues chinois. Cette tendance à également continuer durant la seconde république. La troisième république devant le vaste chantier de l'émergence ou voire du développement du pays en boostant tous les secteurs de la vie, notamment l'énergie, les mines, l'industrie et l'hôtellerie, voit dans la République Populaire de Chine comme un partenaire stratégique afin d'atteindre les objectifs. C'est le développement qui semble désormais prendre le dessus avec les défis à résoudre les problèmes tels que : le Chômage ; la pauvreté généralisée ; la faible productivité agricole et d'élevage avec pour corollaire la famine et l'insuffisance alimentaire. Le manque d'infrastructures de communication, de transport... C'est pour résoudre ces besoins énormes de la population, que se motivent également les engagements guinéens auprès de la Chine.

3. RECHERCHE NATIONATIONALES ET ETRANGERES

1. RECHERCHES NATIONALES

La littérature nationale Chinoise sur les relations sino-africaines reste très abondante, dans quasiment tous les domaines d'action de la vie publique et privée entre la Chine et l'Afrique. Quant au cadre spécifique c'est-à-dire la coopération sino-guinéenne, là aussi, les publications d'universitaires ; d'hommes politiques ou de diplomates ; et des professionnels de la presse écrite, sont nombreuses. Depuis 2010, avec la multiplication des échanges et intérêts réciproques notamment, les investissements récents dans le secteur minier, l'immobilier, et l'accord stratégique portant sur un grand nombre de projets de base de développement, on dénombre un grand intérêt des journaux Chinois pour ce petit pays de l'Afrique de l'Ouest, mais qui compte un grand intérêt aux yeux de la Chine. La Guinée entre 2016-2017 [11] est devenue le plus grand fournisseur de la bauxite en Chine. Toutefois, les recherches nationales chinoises à la fois sur les relations sino-africaines et plus particulièrement sino-guinéennes, peuvent être expliquées suivant de thèmes :

---

[11] **Gao Xiaolin** « *Recherche sur les projets de coopération sino-guinéenne dans le cadre de la coopération économique et commerciale sino-africaine* » (China Power Construction International Engineering Co., Ltd., Pékin 100036)

1.1. Histoire des Relations Chine-Afrique

Premièrement, il faut d'abord donner la priorité à l'histoire de l'évolution des relations sino-africaines. On reconnaît cette déclaration du leader Chinois ; Hu Jintao, lors de la cérémonie d'ouverture du FOCAC (Forum de Coopération Afrique Chine) en 2006 à Pékin. Il déclare : « *Malgré l'éloignement géographique, l'amitié sino-africaine plonge ses racines dans la profondeur des âges et ne cesse de s'approfondir au fil des ans.* »[12]

(1). Avant Bandung 1955

Plusieurs documents nationaux ; des livres et articles universitaires dressent l'évolution des Relations sino-africaines, offrant une lecture chronologique des rapports permettant de comprendre les temps forts et défis historiques traversés par les acteurs Chinois et africains. C'est pourquoi, nos recherches nous amènent à s'intéresser de près à certains documents les plus illustratifs, notamment : Wu Yuan, « *La* Chine et l'Afrique 1956-2006 » et He Baoyu et Yan Lei dans « Développement et perspective des relations sino-africaines » **(Université de Yuncheng, Yuncheng, Shanxi 044000).**

D'abord, le livre de Wu Yuan et le document des auteurs He **Baoyu et Yan Lei** nous offrent une lecture rigoureuse et profonde de l'histoire de l'évolution des relations sino-africaines. Les rapports sino-africains sont vieux de deux mille ans. Depuis deux mille ans les échanges commerciaux, la soie et la porcelaine ont traversé l'Arabie pour arriver en Egypte.[13] L'Egypte est bien-entendu l'un des premiers pays africains à établir des relations amicales et commerciales avec la Chine[14]. Les rapports commerciaux ont connu un essor avec la poussée des routes de la soie. C'est à partir du 2è siècle que la Chine est mentionnée pour la première fois dans cette partie du monde au tour de la méditerranée. La Chine appelée « Etat Qin »est considérée être comme un « bout de la mer orientale[15] »

---

[12] Olivier Mbabia, La Chine en Afrique – Histoire-Géopolitique- Géoéconomie, Ellippse Edtions Marketing S.A. , 2012, page Page 91.

[13] 贺宝玉 (He Baoyu) , 严磊 (Yan Lei), 中非关系的发展与展望 (运城学院，山西运城 **044000). P01.**

[14] Ibid p02.

[15] Ibid.

L'antiquité se situe au prélude des rapports sino-africains. L'auteur Wu Yuan, a également étendu ses recherches sur cette période historique, en se basant sur un certain nombre de sources lointaines afin de remonter les échanges sino-africains depuis l'antiquité. Wu Yuan écrit : « *Les échanges amicaux entre la Chine et l'Afrique comptent une histoire échelonnée sur plusieurs milliers d'années. Déjà au IIe siècle av. JC., la dynastie chinoise des Han (206 av. J.-C.-220) se livra à un échange indirect de produits spéciaux de valeur avec l'Afrique. Grâce à la « la Route de la Soie » frayée par le célèbre ambassadeur Chinois atteignit la rive sud de la Méditerranée. Selon la légende, la rein Cléopâtre VII porta déjà au Ier siècle av. J.-C. des vêtements faits de la soierie chinoise.* »[16] L'auteur cite également le récit de voyage d'un soldat ; Du Huan dans le livre : « Jing Xing Ji » rédigé après le retour de celui-ci d'un long séjour africain de dix ans. Le livre de Wu Yuan, est une chronologie des relations sino-africaines à travers les différentes dynasties Chinoises, à savoir : Tang (618-907) ; Song (907-1276) ; Yuan (1276-1368) ; Ming (1368-1644) et Qing (1644-1911)[17].

(2) La conférence de Bandung (18 au 24 avril 1955)

La conférence de Bandung marque officiellement des relations sino-africaines à l'ère contemporaine. Du 18 au 24 avril, les leaders afro-asiatiques se rencontrèrent dans la ville de Bandung, pour déclarer la naissance du tiers-monde, censé défendre les intérêts des nouveaux et futurs jeunes Etas du monde. C'est pourquoi plusieurs chercheurs concluent que les relations sino-africaines à l'ère contemporaine, sont nées dans la nécessité de lutter contre l'impérialisme et le colonialisme.[18]

Trois documents nationaux aident à comprendre le rôle joué par la Conférence de Bandung dans le rapprochement des peuples afro-asiatiques en général, et les peuples chinois et Africains et Général. Les auteurs : Ji Fangfang, « Le cadre historique du reportage de la Conférence de Bandung et ses implications pour le reportage contemporain sur le non-reportage - en prenant comme exemple la couverture du Quotidien du Peuple de 1955 à 1965 » ; Chen Changwei, Niu

---

[16] Wu Yuan, *La* Chine et l'Afrique 1956-2006, China Intercontinental Express, publié en 2006, page 20.

[17] Ibid. pp20-24.

[18]贺宝玉 (He Baoyu) , 严磊 (Yan Lei), 中非关系的发展与展望 (运城学院，山西运城 **044000).**

Dayong, « L'exemple réussi de la Chine pour tracer une nouvelle voie dans la diplomatie afro-asiatique - Revisité lors de la conférence de Bandung » et deZheng Xianwu, « Conférence de Bandung et développement du régionalisme en Asie du Sud- Est »。 Tous ces trois auteurs sont convaincus que la conférence de Bandung reste encore bien vivant dans les mémoires. Et, le succès des rapports sino-africains doit profondément à ce rendez vous historique, comme faisaient comprendre Chen Changwei et Niu Dayong dans la conclusion de leur article : «Depuis la conférence de Bandung, tant le paysage mondial que le statut international de la Chine ont profondément changé. La Chine joue un rôle de plus en plus important dans les affaires internationales et la gouvernance mondiale. Cependant, dans la nouvelle situation, l'esprit de Bandung est toujours bien vivant. La Chine doit continuer à adhérer à une stratégie diplomatique à long terme de "paix" et de "développement", à respecter son positionnement international en tant que pays en développement, à unir les pays en développement et à travailler ensemble pour promouvoir le développement de l'ordre et du système internationaux dans une direction plus juste et plus raisonnable, ainsi que la construction d'une communauté de destin humaine. »

En 2015, les dirigeants asiatiques et africains ont célébré le 60e anniversaire de la Conférence de Bandung. L'interprétation de l'époque de la Conférence de Bandung par les milieux universitaires et l'opinion publique montre que la Conférence de Bandung a un nouveau contexte interprétatif et que l'esprit de Bandung est toujours aussi présent dans la coopération et les échanges entre les pays asiatiques et africains dans cette nouvelle ère. Comprendre les changements dans le cadre interprétatif éditorial des médias grand public peut aider à approfondir notre compréhension de la nature historique de ces changements. Peut-être cette compréhension peut-elle aussi nous aider à mieux comprendre la société chinoise et l'évolution de ses relations extérieures. [19] Le reportage historique est un excellent moyen de sensibilisation mais aussi d'éducation d'un large public sur les enjeux du passé. Les reportages historiques sur les temps forts des relations sino-africains aident également au renforcement de la conscience historique afro-asiatique d'une part et sino-africaine de l'autre.

---

[19]季芳芳, 《万隆会议的历史报道框架及其对当代对非报道的启示——以 1955 年至 1965 年《人民日报》有关报道为例, （中国社会科学院新闻与传播研究所）2016 年第 04 期.

(3). Les indépendances Africaines

Malgré le succès de la conférence afro-asiatique de Bandung, il a fallu attendre les années 60, pour que l'Afrique et la Chine puissent établir de relations diplomatique saines sans véritables influence d'une puissance coloniale. C'est le début de l'histoire diplomatique sino-africaine. Dans le volet diplomatique, les auteurs Liu Hongwu (刘鸿武) et Lin Chen (林晨) dressent soixante-dix ans de pratiques diplomatiques entre la Chine et l'Afrique. Pour ces auteurs, les relations sino-africaines sont un exemple parfait de réussite des relations sud-sud. Cependant, il faut continuer au renforcement des capacités de ces rapports pour une coopération plus vive et active. Comment renforcer l'image de la diplomatie chinoise en Afrique ? Telle est la principale interrogation que tente répondre les deux auteurs. Il faut alors privilégier une « une politique étrangère indépendante et une équipe diplomatique loyale et efficace » [20]. Sur le plan théorique, il faut également offrir une construction théorique à la diplomatie Chinoise[21]. La diplomatie étant une continuation de la politique intérieure et une manifestation extérieure de la politique intérieure d'un pays, doit obéir à une tradition idéologique. La Chine ayant une longue longue et riche tradition possède un héritage spirituel remarquable. La civilisation Chinoise doit être au cœur de la communication de la Chine. Les principes à défendre alors sont : « *vivez et travaillez en paix et en harmonie à l'extérieur du pays.* »[22]

On retrouve également dans le livre de Wu Yuan, plusieurs pages retraçant les années des indépendances africaines avec la Chine. Plusieurs images sont exploitées dans son livre. Par exemple : Le premier ministre Zhou Enlai en Somalie en 1964[23] ; la visite du président Guinéen Sékou Touré en en Chine 1960 en image avec le leader Mao Zedong[24] et encore le président Zambien Julius Nyerere avec Deng Xiaoping 1989[25]. Bref, le document de l'auteur Wu Yuan

---

[20] 刘鸿武 (Liu Hongwu), 林晨 (Lin Chen) 中非关系 70 年与中国外交的成长, (Yuncheng University，Yuncheng 044000， china).

[21] Ibid.

[22] 刘鸿武 (Liu Hongwu), 林晨 (Lin Chen) 中非关系 70 年与中国外交的成长, (Yuncheng University，Yuncheng 044000， china).

[23] Wu Yuan , La Chine et l'Afrique, 1956-2006, China international press 2006 p 26.

[24] Ibid. p32.

[25] Ibid. p35.

est un récapitulatif d'échanges socio-politiques entre les pays d'Afrique et la Chine au lendemain de la première Conférence afro-asiatique du 18 au 24 avril 1955 : la Conférence de Bandung jusqu'en 2006. Les années 60 en Afrique ont été marquées par de massives indépendances, plusieurs pays africains apparaissent sur la scène internationale. La Chine a suivi et a soutenu l'établissement de l'Union africaine et la mise en application du Nouveau partenariat pour le développement de l'Afrique (NEPAD) et ne cesse de participer activement à l'action de l'O.N. U en Afrique pour le maintien de la paix.

Quant à la Guinée, il ressort à travers les documents historiques, que la Guinée est le premier pays à établir des relations diplomatiques avec la Chine en Afrique subsaharienne et le président Guinéen ; Sékou Touré fut le premier dirigeant africain noir à effectuer une visite d'Etat en Chine.

(4). Forum de Coopération Sino-Africain (2000)

Dans ce premier thème consacré à l'évolution des relations sino-africaines, nous allons enfin nous intéresser au Forum de Coopération Sino-Africain. Après quarante ans d'intenses relations, les relations sino-africaines ont connu un nouvel essor en 2000. Les leaders africains et Chinois ont créé un nouvel espace d'échanges inclusifs afin de diversifier et de coordonner leurs relations. Il s'agit du Forum de Coopération Sino-Africaine (FOCAC). Pour comprendre cette nouvelle tendance, notre recherche s'est intéressée aux documents nationaux suivants : Zhou Yuyuan (周玉渊), « **中非合作论坛 15 年：成就、挑战与展望** » (15 ans du Forum de coopération sino-africaine : réalisations, défis et perspectives) (摘自《东南亚研究》2015 年第 6 期，原文约 25000 字) ; 郑明达 (Zheng Mingda) « 标注中非关系新高度» « De nouveaux sommets pour les relations sino-africaines» (中国国门时报/2018 年/9 月/6 日/第 001 版) et 李安山 (Li Anshan), « 2018 年中非合作论坛峰会展望：优势与挑战» (Perspectives pour le sommet du Forum de coopération Chine-Afrique 2018:Avantages et défis), (DOI: 10.19422/j.cnki.ddsj.2018.07.005).

Le FOCAC, est un espace de rencontre entre partenaires publics et privés, essentiellement chinois et africains afin d'échanger sur les besoins réciproques, émettre des perspectives pour non seulement affronter les défis mais aussi fixer des objectifs de développement. Il est né pour répondre à plusieurs défis notamment : la pression environnementale sur les relations sino-africaines provoquée par une coopération au développement intensif ; la pression sociale provoquée par un développement déséquilibré ; la concurrence croissance et pression des normes et standards internationaux ; la formation de la conscience des populations locales africaines, souvent directement concernées par les investissements Chinois en Afrique[26]… Ces facteurs ont motivé les leaders chinois à mettre en place ce nouvel espace d'échange. Le FOCAC est la matérialisation d'un mécanisme interrégional dirigé par la Chine, capable de renforcer la coopération internationale de l'Afrique.

A chaque trois ans, les leaders africains et Chinois se réunissent pour évaluer leurs échanges et fixer de nouveaux objectifs à atteindre. Sous l'impulsion des Forums Sino-africains, en 2006, le gouvernement Chinois a publié pour la première fois un « *document de politique africaine de la Chine* »[27]. Plusieurs domaines sont visés dans le souci de développer l'égalité politique sino-africaine. En effet, on peut remarquer ces derniers temps une opinion africaine favorable et positive[28] envers la Chine. On note la moyenne à 70% des opinions favorables aux actions entreprises par les entreprises chinoises en Afrique. Cependant, plusieurs défis restent posés encore, notamment la sécurité. L'Afrique a connu une recrudescence des violences due à l'émergence de plusieurs foyers de terrorisme. La Chine déploie alors son soutien dans la lutte contre l'insécurité, notamment liée au terrorisme. La Chine a envoyé au Mali, un contingent de plus quatre cents hommes[29] dans le nord malien, une zone depuis près de dix ans frappée par l'influence des mouvements terroristes.

1.2. L'aide Chinoise au développement

Deuxièmement, il faut noter l'aide chinoise de développement. Ceci est un thème qui revient très souvent dans l'analyse des recherches nationales chinoises. Il faut dire que trois livres de recherche nous permettent d'explorer les différentes formes de l'aide Chinoise, mais aussi sa particularité. De documents : Wu Yuan, « *La* Chine et l'Afrique 1956-2006 », Huang

---

[26] Zhou Yuyuan (周玉渊), « 中非合作论坛 15 年：成就、挑战与展望 », （摘自《东南亚研究》2015 年第 6 期，原文约 25000 字）。

[27] 贺宝玉 (He Baoyu) , 严磊 (Yan Lei), 中非关系的发展与展望 (运城学院，山西运城 **044000)**

[28] 李安山 (Li Anshan), « 2018 年中非合作论坛峰会展望：优势与挑战», (DOI: 10.19422/j.cnki.ddsj.2018.07.005).

[29] Déclaration de l'Ambassadeur Chinois en poste à Bamako, lors de sa visité à l'Institut des Etudes Africaines de l'Université Normale de Zhejiang le 20 novembre 2019.

Huaguang et Luan Jianzhang, « *le rêve chinois et le monde- Interprétation de l'esprit du XVIIIe congrès du PCC* » et de

(1). **Les huit principes de l'aide chinoise à l'étranger**

Comme principes de base du caractère de l'aide Chinoise au développement, se trouvent huit principes. Ces huit éléments constituent la colonne dorsale de la politique d'aide Chinoise à l'étranger et qui la distingue en Afrique comme partout ailleurs par rapport à l'aide fournie par les partenaires occidentaux. Dans le livre « Chine et l'Afrique : 1956-2006 », on peut rappeler de l'image du premier ministre Zhou Enlai entrain de lire les huit principes de l'aide Chinoise en 1964 à Somalie. Mais c'est dans le livre : « *Le rêve chinois et le monde- Interprétation de l'esprit du XVIIIe congrès du PCC* » des auteurs Huang Huaguang et Luan Jianzhang, qu'on trouve également la version complète de ces huit principes, à savoir :

Le gouvernement Chinois s'en tien à accorder son aide à d'autre pays selon le principe de l'égalité et des bénéfices réciproques, considérant l'aide come une réciprocité et non comme un don unilatéral ; lorsqu'il accorde une aide à un pays, il respecte strictement la souveraineté du pays aidé sans poser aucune condition additionnelle, sans demander aucune prérogative ; il propose des aides économiques sous forme de prêt à taux zéro ou de prêt à taux bas et cherche à diminuer le fardeau du pays aidé en cas de prolongation du délai de remboursement ; le but de l'aide chinoise à l'étranger est d'aider les pays aidés à prendre progressivement le chemin d'un développement économique indépendant en comptant sur eux-mêmes ; les projets par lesquels la Chine aide les pays aidés à construire exigent généralement des investissements moindres, mais à rendement rapide afin d'accroitre les recette de ces pays, qui peuvent donc accumuler des fonds ; le gouvernement chinois propose les équipements et les matériels de la meilleure qualité que la Chine puisse produire et donne la possibilité de négocier les prix en fonction des prix internationaux, et aux normes de qualité prévues ; en accordant toute aide technologique à d'autres pays, il garantit de permettre aux personnels des pays aidés de maitriser cette technologie ; les spécialistes envoyés par le gouvernement chinois jouissent du même traitement matériel que les spécialistes des pays aidés, et ils ne sont autorisé à demander aucun traitement spécial.[30]

---

[30] Huang Huaguang et Luan Jianzhang, « le rêve chinois et le monde- Interprétation de l'esprit du XVIIIe congrès du PCC » editions en langues étrangères 2013, p 337.

(2). Aide basée sur les infrastructures

L'aide Chinoise est essentiellement basée sur l'assistance technique, médicale, des dons de vivres, mais aussi et surtout sur la des infrastructures de base (chemins de fer ; routes ; ponts ; édifices publics et usines et prêts…) Parmi les exemples les plus illustratifs de l'aide chinoise en Afrique en terme d'infrastructure, il y'a sans doute le « TAZARA ». Ce chemin de fer construit pour relier la Zambie et la Tanzanie, s'étend sur 1860 km[31]. Le 14 juillet 1976[32], sont achevés tous les travaux qui ont tout de même exigé un grand sacrifice de la part de la Chine : 50 milles Techniciens Chinois dont moururent 60 personnes. La réussite de cette ligne de chemin de fer est un exploit qui fera la légende des relations sino-africaines jusqu'à nos jours.

Après plus d'un demi siècle d'engagement chinois auprès de l'Afrique dont l'objectif est de doter les pays africains d'infrastructures de base de développement, plusieurs acquis sont observables. L'aide Chinoise orientée sur les infrastructures, apportent des solutions directes et concrètes dans la vie de populations bénéficiaires. En effet, une problématique se pose, à savoir entre l'apport de l'aide Chinoise et l'aide des pays développés, à savoir laquelle des deux est plus éfficace. Les auteurs du livre : « le rêve chinois et le monde- Interprétation de l'esprit du XVIIIe congrès du PCC » ont décidé de citer la professeure américaine Deborah Brautigan dans un passage du livre de celle-ci : « *la véritable histoire de la Chine en Afrique* ». Dans ce livre, l'auteure américaine soutient que « *les infrastructures construites par la Chine en dix ans sont plus nombreuses que celle construites par la Grande Bretagne en cent ans*[33] ».

---

[31] Serge Michel et Michel Beuret, La Chinafrique, Editions Grasset et Fasquelle, 2008, p110.

[32] Wu Yuan, *La* Chine et l'Afrique 1956-2006, China Intercontinental Express, publié en 2006, page 49.

[33] Huang Huaguang et Luan Jianzhang, « le rêve chinois et le monde- Interprétation de l'esprit du XVIIIe congrès du PCC » éditions en langues étrangères 2013, p 349.

(3). Aide Agricole

Les recherches de : Li Xiaoyun, Tang Lixia, Xu Xiuli, Qi Gubo et Wang Haimin (China Agricultural University, P.R.China), « *What can Africa Learn from China's Experience in Agricultural Development?* » font un survol de l'expertise chinoise en agriculture dans ce domaine. La réussite de la révolution verte dans les années 70[34] en Chine a suscité un certain sursaut de la part des leaders africains en s'inspirant de la Chine. Le modèle chinois est exporté en Afrique. Nombreux pays accueillirent les experts Chinois, en Sierra Leone ; au Congo Brazzaville ; au Mali ; en Tanzanie… Mais comme le souligne l'auteure, la plupart des efforts n'ont pas permis aux populations d'atteindre une certaine autonomie financière, cela en raison des diversités internes en Afrique. Toutefois, les auteurs conseillent que L'Afrique ne peut bien sûr pas simplement copier l'expérience de la Chine, mais il y a des leçons à tirer. « *Les pays africains devraient soigneusement identifier et ajuster l'expérience de la Chine afin de s'adapter aux situations locales et régionales; tout comme la Chine l'a fait tout au long de sa longue histoire.[35]* »

A coté de l'assistance technique dans le secteur agricole, on peut également citer l'assistance sanitaire. Wu Yuan l'a rappelé dans son livre dans la section « *Coopération médicale et sanitaire »[36]* La première équipe médicale envoyée par la Chine en Afrique date de 1963 en Algérie puis dans plus de quarante autre pays à travers l'Afrique (47 pays africains en total). Durant 43 ans, plus de 1500 médecins et infirmières chinois ont accompli de services remarquables durant leur mission. Et à ce jour nombreux hôpitaux sino-africains sont construits et devenus cadre d'échange de compétence entre médecins chinois et leurs homologues africains

(4) Cas de la Guinée

Tout d'abord, dans l'assistance basée sur les infrastructures, la Guinée a reçu à partir de la politique d'aide Chinoise plusieurs infrastructures, notamment : la construction du palais du peuple (1966-1967), le monument du 22 novembre 1970 ; le jardin du 02 octobre ; palais

---

[34] Li Xiaoyun, Tang Lixia, Xu Xiuli, Qi Gubo et Wang Haimin (China Agricultural University, P.R.China), « *What can Africa Learn from China's Experience in Agricultural Development?* ». Crédit : http://onlinelibrary.wiley.com/journal/10.1111/(ISSN)1759-5436

[35] Ibid.

[36] Wu Yuan, La Chine et l'Afrique, 1956-2006, china international press 2006 p 26. p79

Sékhoutouréya (1996-1998); la maison de la RTG (Radio Télévision Guinéenne) de Koloma 2 ; les centres d'émissions en ondes courtes à Labé, Kankan et à N'zérékoré, le stade de Nongo ; l'hôpital de Kankan[37]...

En Guinée en 1976, grâce à la coopération sino-Guinéenne, fut fondé le complexe agro-industriel de sucrerie de Koba (SUKOBA)[38]. Le projet après avoir mis en valeur les plaines de Koba (République de Guinée), en créant des champs de canne à sucre et de riz, une unité de production de sucre fut implantée. Le succès du projet permis la création d'emplois locaux mais aussi a aidé à la formation des centaines de paysans. Aujourd'hui, dans le cadre de l'accord stratégique sino-africain, une part du financement est accordée au secteur de l'agriculteur, estimée à plus d'un milliard de dollars, visant à aménager et irriguer des espaces agricoles. L'objectif visé, est la modernisation du secteur agricole pour assurer l'autosuffisance du pays tout entier.

La Guinée a aussi connu l'envoi de médecins missionnaires chinois. En 2018, selon un article de l'agence Xinhua, la 26e mission médicale chinoise en Guinée terminait sa mission. Les responsables présents à la cérémonie d'adieu ont convenu que les missions médicales chinoises en Guinée, sont un facteur de renforcement des liens entre les deux pays. La coopération médicale sino-guinéenne, s'est beaucoup renforcée entre 2014-2016, lorsque la Guinée traversait l'épidémie Ebola. L'apport de la Chine en dons matériels et financiers mais aussi en personnel soignant à été vraiment considérable, ayant permis de juguler l'épidémie. Il existe également l'hôpital de l'amitié sino-guinéenne, dans la capitale guinéenne, un exemple de réussite de la coopération sanitaire entre la Guinée et la République Populaire de Chine.

1.3.Ceinture et une Route

Troisièmement, il faut s'intéresser à l'initiative d'« une Ceinture et une Route », et les enjeux qu'elle représente pour la Guinée. Plusieurs recherches nationales nous offrent une analyse précise à la fois sur ce vaste programme mais aussi de son implication pour la Guinée, à savoir : Tu Minghui « *Opportunities and Challenges of China-Africa Economic and Trade Cooperation*

---

[37] Aissatou Diallo Bah, Coopération sino-guinéenne-De l'aide bilatérale au partenariat public privé, éditions Harmattan Guinée 2017, p 38.

[38] Aïssatou Diallo Bah, Coopération sino-guinéenne-De l'aide bilatérale au partenariat public privé, éditions Harmattan Guinée 2017, p42.

under the Framework of the"Belt and Road" » (Shanghai Normal University, Shanghai 200234) ; Li Wei ming (李卫民) : « 一带一路"倡议与中非关系发展 (The ''one Belt one Road'' Initiative and Developpement of China Africa Relations) » (Institute of West-Asian and African Studies, Chinese Academy of Social Sciences, Beijing 100007,China) ; Liu Shiqi « *Accostage stratégique et défis de la coopération sino-africaine dans le cadre de l'initiative Ceinture et routes* » (Académie chinoise des sciences sociales et de l'Université de Lei den (Pays-Bas)) ; Wang Dong, Directeur adjoint du Département de l'Asie de l'Ouest et de l'Afrique du Ministère du Commerce, écrit l'article : « *Forum de coopération Chine-Afrique : une source d'énergie pour diriger le développement de la coopération économique et commerciale entre la Chine et l'Afrique.* » Gengxin Dai, Ke Dai, Meixing Dai : Initiative « une ceinture et une route » : implications économiques pour l'Union européenne, Bulletin de l'observatoire des politiques économiques en Europe, N° 39-Hiver 2018.

L'initiative « Une Ceinture une Route » est un vaste programme structurant du monde, qui concerne plus de 70 pays représentant 40%[39] du PIB mondial et près de 5 milliards de citoyens au monde. Il s'agit de grands projets d'infrastructures ferroviaires, routières, des gazoducs, du développement des routes maritimes et la construction de nouveaux ports afin de faciliter les échanges notamment entre la Chine et ses partenaires économiques. Le coût des réalisations est estimé jusqu'à 6000 milliards USD. L'article de Tu Minghui, développe les opportunités mais aussi des défis à faire face en Afrique pour la réussite de l'initiative « une ceinture et une route ». Au titre des opportunités, l'auteur met en exergue entre 2000-2012 plus de 2546[40] projets d'aide développement à 50 pays africains avec un coût d'investissement de 83 milliards de dollars. Cependant les défis ne manquent pas, parmi lesquels, il faut développer et améliorer les mesures de sécurité, la prévention des risques liés aux attaques terroristes, les violences électorales ou politiques, le manque de soins de santé, sont entre autre des défis auxquels devront faire face les différents acteurs dans la plupart des régions en Afrique.

---

[39] Gengxin Dai, Ke Dai, Meixing Dai : Initiative « une ceinture et une route » : implications économiques pour l'Union européenne, Bulletin de l'observatoire des politiques économiques en Europe, N° 39-Hiver 2018.

[40] Tu Minghui « *Opportunities and Challenges of China-Africa Economic and Trade Cooperation under the Framework of the"Belt and Road"* » (Shanghai Normal University, Shanghai 200234).

(1). Le rôle de la Chine dans l'Agenda 2063 de l'Union Africaine

On peut aujourd'hui établir une certaine convergence entre l'initiative « une ceinture et une route » et « l'agenda 2063 de l'Union Africaine ». Dans l'objectif de construire une communauté de destin commun, l'initiative « une ceinture une route » envisage des projets d'infrastructures notamment de transport afin de connecter tous les marchés africains, asiatiques et européens. Ces différents corridors serviront des vecteurs de développement et de multiplication des échanges dans divers domaines, notamment le domaine de la technologie, de la science, de l'internet, du commerce… l'Afrique en tant que partenaire de cette initiative, y voit une opportunité pour conjuguer ses ambitions de l'émergence et de développement de l'agenda 2063.

Cependant pour comprendre les objectifs de l'agenda 2063 de l'Union Africaine, l'article de 韩振国 (Han Zhenguo) et de 于永达(Yu Yongda), nous explique les sept visions prévues pour les 5O prochaines années dans le cadre du dit agenda. Ces sept visions sont : à Atteindre la prospérité sur le développement durable du continent ; Construire une culture de l'intégration politique basée sur la renaissance de l'Afrique ; construire une bonne gouvernance, la démocratie , la justice et état de droit ; Instaurer une paix et une sécurité ; Construire une forte reconnaissance culturelle ; Construire une communauté de citoyens y compris les femmes et les jeunes et enfin Construire un monde fort, uni et l'Afrique avec une influence mondiale. [41]

Les auteurs 韩振国 (Han Zhenguo) et de 于永达(Yu Yongda), ont à travers leur article, fait comprendre que l'initiative « une ceinture et une route » conjugue avec l'agenda 2063 les mêmes objectifs de développement. Ainsi la Chine et l'Afrique à travers les forums de coopération sino-africains pourront ensemble explorer les défis à affronter pour la réussite d'un développement partagé.

(2). La place de la Guinée dans l'initiative « une ceinture une route »

La Guinée est longtemps décrite dans la plupart des documents comme « scandale géologique [42] ». L'article : « *Un grand changement ! Les invités "aluminium" de la Chine dans le Bas-Ouest : Xiongwen Panorama documente l'histoire des investissements miniers en Guinée par Hongqiao, Chalco et les géants internationaux* », également confirme cette version. Le

---

[41]韩振国(Han Zhenguo)于永达 (Yu Yongda), 非盟《2063 年议程》与中非合作论坛背景下的中非农业合作, (国际经济合作 2017 年第 12 期).

[42]考拉矿业观察交流合作, Crédit : https://www.sohu.com/a/241078952_117959

sous sol du pays regorge une diversité de richesses naturelles. Selon la Direction Nationale Guinéenne des Mines, une liste de douze principales ressources a été publiées en 2010. On peut alors citer : Bauxite ; Or ; Diamant ; Fer ; Uranium ; Nikel. [43]. Plusieurs documents académiques nationaux et étrangers ont eu à explorer le potentiel minier guinéen, et la quasi-totalité des experts sont d'accord, que l'avenir de la Guinée dépendra essentiellement de ses mines. Aujourd'hui, dans la stratégie globale de la Chine à l'égard du reste monde, dont l'initiative est de créer une société internationale de « Destin commun » à travers « une ceinture une route », la Guinée semble joué un rôle majeur. La Guinée pourra jouer le rôle du grand fournisseur à l'économie Chinoise, ses besoins en matières des ressources minières stratégiques dont notamment : la bauxite et le fer.

Mine de bauxite

La place de la Guinée dans cette vaste opération d'une ceinture et une route, mérite un examen plus concis. Il faut dire que l'initiative « une ceinture et une route » se remarque dans le vaste engagement de la Chine à travers des investissements simultanés. Le secteur minier notamment la bauxite guinéenne semble occupée la première place des intérêts dans les échanges sino-guinéens. Cinq articles dans les recherches nationales chinoises, nous offrent une lecture précise de l'engagement chinois dans le secteur de la bauxite en Guinée, à savoir : Jianmei « *Analyse de fond et suggestions d'investissement à l'étranger des entreprises chinoises dans la bauxite »*, (Guiyang Aluminium Magnesium Design and Research Institute Co., Ltd., Guiyang 550081, Chine) ; DOI : 10. 13662 /j. cnki. qjs. 2018. 08. 001 ; Huang He, « *Analysis on the bauxite resources and investment advices in Guinea* », (Guiyang Aluminum & Magnesium Design and Research Institute Co.,Ltd, Guiyang 550081,China), (2017)10-0022-4 ; des auteurs : 潘昭帅 (Pan Zhaoshuai)，张照志 (Zhang Zhaozhi)，张泽南 (Zhang Zenan)，封国权 (Feng Guoquan,)，曹晓森(F Cao Xiaosen : « *Analysis of the import source country of the bauxite in China* » (École des sciences et des ressources de la Terre, Université chinoise des géosciences (Pékin), Pékin 100083, Chine; 3. Centre mondial de recherche sur la stratégie des ressources minérales, Académie chinoise des sciences géologiques, Pékin 100037, Chine) ; **Gao Xiaolin** « *Recherche sur les projets de coopération sino-guinéenne dans le cadre de la coopération économique et commerciale sino-africaine* » (China Power Construction International Engineering Co., Ltd., Pékin 100036)(China Academic Journal Publishing house Numéro2 Volume 16 Numéro 12 de 2018 ; Xue Xuan « *"Belt and Road" pour cultiver un sol chaud et rouge-Exposition panoramique du projet de bauxite de Hongqiao Guinée en Chine »*(China Academic Journal Publishing house Numéro 13, 2018 27) et le Journal Xinhua numéro 5, 2006 « *La Guinée améliorera les infrastructures pour attirer plus d'investissements chinois* ».

---

[43] Mémoire « Exploration minière et développement durable en Guinée : impacts du cadre réglementaire » Sory Sow, Universtié de Senghore 2013 p06.

Les entreprises Chinoises comme Chinalco, Henan International et TBEA, China Power Investent Corps sans oublier le consortium SMB (Société Minière de Boké) exploitent le minerai dans la région administrative de Boké, devenue la plus grande zone d'exploitation de bauxite au monde. Ces différents investissements ont entraîné un taux de croissance du PIB, entre 2015- 2016 de 3% à 6,8%. Quant aux recettes de l'Etat, elles ont atteint 8 milliards de dollars en 2017. Le pays est désormais le troisième plus grand producteur de bauxite avec une production estimée à 60 millions de tonnes en 2018[44]. La seule SMB-Winning cumule une exploitation s'élevant à 42 millions de tonnes en 2018. La Guinée occupe désormais entre la deuxième et troisième place parmi les plus grands producteurs de la bauxite : Australie (90 millions de tonnes) Chine (65 millions de tonnes) et la Guinée (60 millions de tonnes).

Incontestablement, parler des engagements actuels de la République Populaire de Chine en Guinée, c'est s'intéresser aux rôles croissants de ces entreprises Chinoises dans le secteur minier du pays. Il s'agit essentiellement de la Bauxite ; l'or rouge. La Guinée avec la plus grande réserve de cette richesse dont le produit fini est l'alumine, regorge selon les estimations, 7,4 milliards de tonnes[45], chose qui place le pays à la tête des pays ayant les plus grandes réserves bauxitiques au monde. Plusieurs chercheurs s'accordent à appeler la Guinée, tel un « royaume de la bauxite »[46] en raison de sa grande réserve. Pour comprendre les raisons motivant une part active des entreprises Chinoises dans l'exploitation de la bauxite Guinéenne, il faut s'intéresser à l'article de Jianmei. L'auteur démontre à la fois plusieurs raisons et difficultés responsables de cet intérêt accru de la Chine pour les mines Guinéennes. Il écrit : « *La demande et la production de diverses ressources en Chine, y compris les ressources en aluminium, sont à un stade croissant et continueront d'augmenter au cours des 5 à 10 prochaines années. [...]Les réserves de ressources en bauxite de la Chine sont insuffisantes et les conditions d'extraction ne sont pas bonnes.* »[47] Entre une croissance de la demande en bauxite ; de l'insuffisance des réserves disponible sur le sol Chinois, l'auteur démontre également la mauvaise qualité de la bauxite ainsi que le coût élevé en consommation energique qu'exige son exploitation. La bauxite Chinoise est de faible qualité en comparaison avec celle de la Guinée. Jianmei note : « *Le rapport de la bauxite chinoise est relativement faible, et les ressources en bauxite de haute qualité avec un rapport alumine-silicium supérieur à 9*

---

[44] Jeune Afrique, Guinée : le Grand boom de la bauxite. Crédit :
https://www.jeuneafrique.com/mag/774595/economie/guinee-le-grand-boom-de-la-bauxite/
[45] 潘昭帅 (Pan Zhaoshuai)，张照志(Zhang Zhaozhi)，张泽南(Zhang Zenan)，封国权 (Feng Guoquan,)，曹晓森(F Cao Xiaosen : « *Analysis of the import source country of the bauxite in China* » (École des sciences et des ressources de la Terre, Université chinoise des géosciences (Pékin), Pékin 100083, Chine; 3. Centre mondial de recherche sur la stratégie des ressources minérales, Académie chinoise des sciences géologiques, Pékin 100037, Chine).

[46] Jianmei, « *Analyse de fond et suggestions d'investissement à l'étranger des entreprises chinoises dans la bauxite* », (Guiyang Aluminium Magnesium Design and Research Institute Co., Ltd., Guiyang 550081, Chine) ; DOI: 10. 13662 /j. cnki. qjs. 2018. 08. 001.

[47] Ibid.

représentent une quantité relativement faible, dont la plupart est de la bauxite à faible teneur. »[48]

Contrairement à la bauxite Chinoise, la Bauxite Guinéenne est réputée avoir une forte teneur en alumine, elle est d'une bonne qualité et facile d'exploitation. Située essentiellement dans la région de Boké, la bauxite guinéenne peut se décrire comme suit : En moyenne contenant 53% d'alumine, 2% de silice, la teneur la plus élevée dépasse 60%[49]. Cependant, jusqu'en 2015, les exportations Guinéennes en bauxite vers la Chine, étaient en dessous de 5%[50] des importations Chinoises. Depuis l'arrivée du Gouvernement d'Alpha Condé, en 2010, plusieurs accords ont été signés avec les patrons Chinois et depuis 2015, les importations Chinoises de la bauxite Guinéenne se sont accrues pour atteindre aujourd'hui 40%. Si la Guinée demeure une véritable « clé »[51] pour les exploitations étrangères chinoises en bauxite, le pays n'est pas par contre exempte de difficultés, notamment : les crises politiques à répétition ; difficile coopérations de communautés rurales, les infrastructures délétères etc. Ces difficultés sont mises en exergue par plusieurs auteurs afin d'interpeler les différents acteurs à accroître et élargir leurs responsabilités sociales dans les régions d'exploitations concernées.

Sans doute la Guinée est aujourd'hui devenue, un carrefour important pour les investissements Chinois et un partenaire sûr pour les approvisionnements en Bauxite de la République Populaire de Chine.

Mine de fer

A coté de la bauxite, nous avons le fer. Selon les estimations, la Guinée possède la plus grande réserve de minerai de fer, évaluée à 5 milliards de tonnes. Pour nombreux observateurs, il s'agit

---

[48] Ibid.

[49] Huang He, « *Analysis on the bauxite resources and investment advices in Guinea* », (Guiyang Aluminum & Magnesium Design and Research Institute Co. Ltd, Guiyang 550081,China), (2017).

[50]潘昭帅 (Pan Zhaoshuai)，张照志(Zhang Zhaozhi)，张泽南(Zhang Zenan)，封国权(Feng Guoquan,)，曹晓森(F Cao Xiaosen : "中国铝土矿进口来源国国别研究"，《中国矿业》2019 年第 2 期。

[51] Jianmei, « *Analyse de fond et suggestions d'investissement à l'étranger des entreprises chinoises dans la bauxite* », (Guiyang Aluminium Magnesium Design and Research Institute Co., Ltd., Guiyang 550081, Chine) ; DOI: 10. 13662 /j. cnki. qjs. 2018. 08. 001.

de la « *la plus grande découverte de minerai de fer du 21e siècle[52]* ». Selon l'étude de faisabilité réalisée par Rio Tinto en 2008, la capacité de production du minerai de fer de la première phase atteindra 70 millions de tonnes par an, et l'investissement devrait atteindre 6 milliards de dollars américains. Il ressort dans l'article : « *Un grand changement ! Les invités "aluminium" de la Chine dans le Bas-Ouest : Xiongwen Panorama documente l'histoire des investissements miniers en Guinée par Hongqiao, Chalco et les géants internationaux* » que la compagnie Chinalco (China Aluminium Corporation) en novembre 2011[53] s'est joint avec le Rio Tinto et la Société financière Internationale (SFI), dans le cadre du projet Simandou. Cependant le retard entrainé dans la négociation, a amené la compagnie Chinoise, le 31 octobre 2016, de signer un accord-cadre sur l'exploitation du gisement de bauxite dans la région de Boffa.

Il faut dire que l'accord-cadre de septembre 2017 est un facteur de mise en valeur des ressources naturelles du pays, pour le bénéfice de tous les citoyens. Tel un troc, la Chine s'engagera à financer les projets d'infrastructures de base et en retour, la Guinée facilitera l'installation des compagnies minières Chinoises. Ces compagnies à travers leurs exploitations, contribueront à aider les gouvernements successifs guinéens à couvrir les prêts contractés auprès de la Chine.

2. RECHERCHES ETRAGERES

Plusieurs recherches menées par les universitaires et de journalistes enquêteurs à la fois en Guinée, en Afrique et ailleurs dans le monde (l'occident), permettent de recenser quelques points basés sur les relations sino-guinéennes. Le cadre de la Guinée dans la stratégie globale de la Chine en Afrique, se trouve très souvent directement ou indirectement étudié, obéissant à un certain nombre de thèmes. Parmi les thèmes qu'on peut recenser à travers la plupart des publications, nous avons :

---

[52] 考拉矿业观察交流合作, Crédit : https://www.sohu.com/a/241078952_117959

[53] Ibid.

2.1. La Chine-Afrique

D'abord, l'expression Chine-Afrique ou la ChinAfrique mérite un intérêt particulier. Plusieurs livres ont exactement ou de près utilisé ce néologisme pour étudier les relations sino-africaines. Les livres comme : Le journaliste sénégalais est parmi les pionniers à exploiter l'expression Chine Afrique de façon approximative. En publiant en 2005 son ouvrage dont l'intitulé : *« Chine et l'Afrique – Le Dragon et l'Autruche »,* publié à l'Harmattan en 2005 par Adama Gaye (journaliste Sénégalais) ; « La Chine et l'Afrique 1956-2006 », China International Press 2006, par Wu Yuan ; *« La Chinafrique »,* Editions Grasset et Fasquelle, 2008, par les journalistes : Serge Michel et Michel Beuret et enfin « La Chine en Afrique – Histoire-Géopolitique- Géo économie », Ellippse Edtions Marketing S.A. , 2012 par Olivier Mbabia. Ces ouvrages offrent des explications théoriques au concept du Chine-Afrique. Toutefois, on doit retenir que la Chine-Afrique est l'étude pluridisciplinaire des actions et décisions entre Chinois et Africains. C'est également la coopération entre le continent abritant le plus grand nombre de pays en voie de développement avec le plus grand pays en voie développement. On comptabilise 53 (moins E-Swatini) pays africains et la République Populaire de Chine. La Chine-Afrique c'est encore la coopération d'un continent représentant : 30,4 millions KM^2 de superficie ; 2400 milliards de dollars de PIB ; 3,8% de croissance ; 1,2 milliards de populations, face à une Chine de : 9,6 millions de Km^2 ; 14000 milliards de dollars de PIB ; 6,6% de croissance ; 1,4 milliards de populations.[54]

Au lendemain de l'offensive idéologique des années maoïste, les années 80 marquent le début d'une réorientation de la politique africaine de la Chine à l'ère des reformes. Au regard de l'intérêt croissant des échanges entre Africains et Chinois, et ce que la Chine pourrait représenter pour l'Afrique dans la réussite de l'agenda 2063 de l'Union Africaine (UA), et de l'autre coté, l'Afrique dans la stratégie d'une **« ceinture et une route »** ainsi que les deux centenaires chinois (2021-2049), l'axe des deux parties, gagne un cadre plus approfondi dans son analyse. Il est objet d'études avec d'outils scientifiques plus appropriés. Le cadre Chine-Afrique a longtemps dépassé le cadre inter-gouvernemental car les échanges institutionnels se développent également à côté des échanges étatiques. En effet, la Chine-Afrique est aujourd'hui, une option académique abordée dans les universités et instituts d'études

---

[54] Une édition de l'émission les dessous des cartes, Chinafrique ? Qu'on peut trouver sur ce lien https://www.youtube.com/watch?v=Ie-VTFJzSdY

internationales ou africaines. C'est une option qui s'enseigne atour des programmes liant à la fois : l'histoire, l'économie et la science politique. On peut la définir comme l'analyse des divers échanges entre l'Afrique et la Chine. Une analyse approfondie de la coopération entre peuples africains et peuple chinois à travers leurs gouvernements. Ces échanges concernent tous les secteurs de la vie des Etats à savoir : Diplomatie ; économie ; culture ; science ; technique et technologie ; commerce ; finance etc. Les recherches de Wu Yuan et de Pierre Picquart dans « L'Empire chinois - Mieux vaut comprendre le futur numéro un du monde : histoire et actualité de la diaspora chinoise », Editions Favre 2004, ont rappelé le caractère plusieurs fois séculiers des échanges sino-africains.

En Afrique, plusieurs spécialistes et hommes politiques prêchent le développement des Relations Sino-africaines. En l'occurrencet, le journaliste Sénégalais Adama Gaya, n'hésite pas à reprocher l'attitude timide ou pusillanime des leaders africains. Ainsi, il traite l'Afrique de mener une politique d' « Autruche » ou d'être « bouche bée » face à l'opportunité que représente la Chine. Il écrit : « *Le cœur du monde bat au rythme de la Chine. Ses vigoureuses palpitations, qui sont entendues aux quatre coins de la planète, ne laissent qu'une région du monde indifférente : l'Afrique. Aucune réaction structurée, aucun mécanisme ni stratégie cohérente n'y ont été dégagés, à ce jour, pour faire face aux conséquences, immédiates et à venir, de la fracassante irruption sur la scène internationale du plus massif des dragons asiatiques.* [55]*»* Il faut dès lors privilégier une « *stratégie africaine de dragon* ». Chose que soutenait également le défunt président Zimbabwéen ; Robert Mugabé, lorsque celui-ci affirmait prophétiquement : « *Il nous faut nous tourner vers l'Est, là où le soleil se lève* »[56] .

(1). Cas de la Guinée

En Guinée, les actions de la Chine attirent également l'intérêt des universitaires et journalistes enquêteurs, certaines recherches nationales guinéennes, permettent de saisir le cas particulier en Guinée, à savoir : « Coopération sino-guinéenne-De l'aide bilatérale au partenariat public privé », éditions Harmattan Guinée 2017 par Aïssatou Diallo Bah ; « Les relations entre la Guinée et la Chine : commerce, investissement et aide » rédigé par *Groupe* de Recherche et d'Appui au Développement Economique et Social (GRADES) sous l'initiative du consortium pour la recherche économique en Afrique (ECONSOR) ; « *Guinéens apprécient l'influence de*

---

[55] Adama Gaye, *Chine Afrique : le Dragon et l'Autruche*, Harmattan 2006, PDF page 13.

[56] Serge Michel et Michel Beuret, La Chinafrique, Editions Grasset et Fasquelle, 2008, page 36.

la Chine mais préfèrent le modèle des Etats-Unis » (Note Informative No. 157) Par **Massa Guilavogui** June 2015. Un document de sondage réalisé par Afro baromètre. L'équipe Afro baromètre en Guinée, dirigé par State View International, a interviewé 1.200 adultes guinéens en mars et avril 2013 et enfin « *Guinée de 1958-2008- l'Indépendance et ses conséquence,* Harmattan 2008, par Alpha Oumar Sy Savane. Ces documents offrent une étude à la fois historique et d'actualité sur le cadre spécifique.

A travers un survol historique, on comprend le contexte historique dans lequel se sont scellées les relations sino-guinéennes. La jeune République de Guinée dut bénéficier plusieurs prêts et dons de la Chine afin de garantir une relative stabilité à l'intérieur du pays. Parmi les besoins, il faut noter l'approvisionnement du pays en vivres. « *Entre 1958-1961, la Guinée reçut environ 30 000 tonnes riz.* [57]» Une période qui marquait en Chine, à la crise entrainée par la politique du « Grand Bond ». Ainsi, Zhou Enlai émet la formule du «… *pauvre au secours du pauvre* ».

Depuis 2010, la Guinée et la Chine sont dans un réchauffement diplomatique sans précédent, les investissements Chinois publics et privés s'élèvent à plusieurs milliards de dollars. Encore plus important, il s'agit de l'accord stratégique du 05 septembre 2017, portant sur un prêt de 20 milliards de dollars. Les projets visés par ces financements futurs sont énumérés par l'auteur Aïssatou Diallo Bah dans son livre, dans la partie Annexe. On y voit trois grands secteurs porteurs de projets cumulant plus de 20 milliards USD, à savoir : Agriculture ; Energie et Transport. Alors que les investissements Chinois dans ce petit pays d'Afrique de l'ouest augmente et que la présence Chinoise aussi devenue une partie du quotidien des Guinéens, l'Afro baromètre, nous délivre une enquête sur la perception des citoyens de la Chine. Le rapport conclue que 80% de Guinéens apprécient les actions Chinoises et croient que celles-ci aide au développement de leur pays, malgré leur intime modèle demeure ; les Etats-Unis[58].

---

[57] Olivier Mbabia, La Chine en Afrique – Histoire-Géopolitique- Géoéconomie, Ellippse Edtions Marketing S.A. , 2012Page 23.

[58] *Guinéens apprécient l'influence de la Chine mais préfèrent le modèle des Etats-Uni*s (Note Informative No. 157) Par **Massa Guilavogui** June 2015.

2.2. La Notion générale de l'aide au développement

Deuxièmement, nous allons aborder le thème la notion de l'aide au développement. L'histoire de l'aide est récente, quoiqu'avant la deuxième guerre mondiale, les premières manifestations avaient eu lieu, l'aide devient une option de la vie internationale à partir du juillet 1944. Ce fut à l'"hôtel **Mount Washington à Bretton Woods**, New Hampshire, aux Etats Unis que les 700[59] délégués vénus d'une quarantaine de pays, ont tenté d'offrir un cadre nouvau au système mondial de gestion financière et monétaire. L'objectif à l'époque visait la reconstruction du monde au lendemain de la seconde guerre mondiale, la Banque Internationale pour la Reconstruction et le Développement (BIRD) aujourd'hui Banque Mondiale (BM) et le Fonds Monétaire International (FMI), voient jour. L'Europe est la première bénéficiaire de l'aide à travers le Plan Marshall[60]. Elle bénéficie 13-20 milliards de dollars soit l'équivalent aujourd'hui de 100 milliards de dollars, afin de l'aider à se tenir debout des désastres causés par la guerre. Depuis l'expérience européenne, l'aide internationale apparaît tel un moyen efficace permettant aux pays pauvres d'atteindre un niveau de développement social, politique et économique et culturel. Elle est devenue un élément déterminant dans les rapports entre les pays du nord ; les donateurs et les pays du sud ; les bénéficiaires.

En guise de définition, Dambissa Moyo dans son livre nous délivre une définition assez simple dans la section :« *What is aid?* » « Broadly speaking there exist three types of aid: humanitarian or emergency aid, which is mobilized and dispensed in response to catastrophes and calamities for example, aid in response to the 2004 Asian tsunami, or monies which targeted the cyclone-hit Myanmar in 2008; charity-based aid, which is disbursed by charitable organizations to institutions or people on the ground; and systematic aid that is, aid payments made directly to governments either through government-to-government transfers (in which case it is tenned

---

[59] Dambissa Moyo, Dead Aid, *Why Aid Makes Things Worse and How There is Another Way for Africa,* Press Penguin Page 16.

[60] Plan MarshallLe : c'est le 5 juin 1947, à l'Université Harvard, le secrétaire d'État américain, George C. Marshall, exposa une proposition radicale par laquelle l'Amérique proposait un plan de sauvetage de 20 milliards de dollars américains (plus de 100 milliards aujourd'hui) pour une Europe ravagée par la guerre.

bilateral aid) or transferred via institutions such as World Bank (known as multilateral aid).[61] »SEP

(1). Aide Chinoise au Développement

Quant à l'aide Chinoise, des auteurs comme : Dambissa Moyo dans "Dead Aid, *Why Aid Makes Things Worse and How There is Another Way for Africa"*, Press Penguin et Deborah Brautigan dans « Dragon's Deal. The real story of China in Africa» Oxford Press University 2009. Il convient tout d'abord de définir l'aide et de rappeler son histoire, puisqu'elle est indispensable à la compréhension de l'aide chinoise en Afrique.

Depuis les années 60, la République Populaire de Chine et les pays africains ont développé un système d'aide basé sur la fourniture d'équipements de travail, de la construction mais également le transfert des fonds. L'aide chinoise en Afrique a évolué également en s'adaptant aux différents contextes. La République Populaire de Chine a d'abord adopté cinq principes de la politique de son aide internationale, dont : « *l'égalité et le bénéfice mutuel ; accent sur les résultats pratiques ; diversité dans la forme ; et des progrès communs* »[62]Avec un début l'aide essentiellement basée sur les dons avec notamment les clés d'unités industrielles livrées et les infrastructures financées et données sans retour. Deborah Brautigan ; chercheuse américaine consacra tout un volume sur l'aide chinoise en Afrique, en traçant son évolution au fil des ans depuis les indépendances africaines. Elle intitula son livre : « *Dragon's Deal. The real story of China in Africa* », publié en 2009, l'année à laquelle la Chine est passée en tant que premier partenaire commercial du continent africain. Deborah Brautigan pour répondre à de nombreuses allégations selon lesquelles, les chinois avaient à un moment abandonné l'Afrique pour se concentrer sur leurs propres besoins intérieurs, et ne sont pas apparus que pour faire des bénéfices. La chercheuse écrit: « *China would go on to direct an average of 57 percent of its foreign aid to Africa between 1986 and 1995.27 Aid to Africa would increase, even as it dropped in other significant regions, such as Asia. This gave China a steady presence, credibility, and a strong foundation that Beijing would build on in the years after 1995. China's increased visibility in Africa today should be seen in this context: China never left, we just*

---

[61] Dambissa Moyo, Dead Aid, *Why Aid Makes Things Worse and How There is Another Way for Africa*, Press Penguin Page 07

[62] Deborah Brautigan, Dragon's Deal. The real story of China in Africa» Oxford Press University 2009, page70.

39

stopped looking. »[63]. L'auteur démontre avec les données que l'aide chinoise a continué d'être accordée à l'Afrique même après la mort de Mao et la fin du premier régime de la Chine moderne. « *China never left, we just stopped looking* », résume en grande partie l'attachement et la fidélité des dirigeants chinois vis à vis du continent.

(2). Particularité de l'aide Chinoise

Dans les faits, l'aide Chinoise s'est démarquée de celle fournie par la plupart des pays occidentaux et des organismes financiers comme la Banque Mondiale et le Fonds Monétaire International. La Chine exige sur les résultats comme le faisait savoir Dambissa Moyo ; l'auteure de « Dead Aid ». Pour elle, les « *Chinois sont nos amis* », donc les amis des africains. Parce que l'effort chinois en Afrique est basé sur le concret, les résultats sont observables et touchables. Pour prouver sa thèse, elle ne tarde à se servir du voyage d'un célèbre mineur nommé Lukas Lundin, qui en 2005 part à la découverte de l'Afrique, du nord au sud. Celui-ci parcourut une distance de plusieurs milliers de kilomètres traversant ainsi tous les contrastes naturels du continent, s'étant sur dix pays. Sur sa moto de marque BMW, le voyageur constata que loin des clichés qu'on prête au continent africain, notamment l'absence et la vétusté des voies de communication dans le continent, celui-ci découvre par contre une Afrique en plein changement. Car près de 80% des voies qu'il emprunta étaient des pistes bitumées. Cependant les détails sur le financement et voire la construction de ces infrastructures routières semblent pour l'auteure plus importante. Elle note qu'à coté de ces pistes, se trouvait écrit : « *This road constructed with the grateful assistance of the Government of the People's Republic of China.*»[64].

2.3.Investissements Directs Chinois en Afrique

Troisièmement, les Investissements Directs Etrangers Chinois (IDEC). L'une des raisons fondamentales du sous-développement de l'Afrique est le manque d'attractivité des Investissements Directs Etrangers (IDE). Plusieurs obstacles se posent aux investissements

---

[63] *Dragon's Deal. The real story of China in Africa, par* Deborah Brautigan, » Oxford Press university 2009, Page 54.

[64] Dambissa Moyo, Dead Aid, *Why Aid Makes Things Worse and How There is Another Way for Africa,* Press Penguin, Page74

dans le continent malgré, la faiblesse du coût de la main d'œuvre et la disponibilité sans limite des ressources naturelles. Cependant ces éléments sont loin de suffire pour attirer suffisamment des Investissements Directs Etrangers. Par le manque ou la rareté d'un système de réseau de communication et de télécommunication fiable, l'insuffisance énergétique, l'absence d'un cadre juridique d'affaire sain, le labyrinthe bureaucratique, le faible revenu des populations pour absorber certains produits... Sont parmi les raisons qui font de l'Afrique le continent qui attire peu les IDE. Monter les affaires en Afrique est un exercice qui demande assez de temps et d'efforts. Entre une administration minée par la corruption et un environnement socio-économique défectueux, l'Afrique est la grande oubliée des patrons du monde par les grandes compagnies. La quasi-totalité des investissements dans le continent est dirigée vers les secteurs d'exploitation minière et pétrolière, soit 90% des IDE dans le continent.

L'Afrique en général, connaît une constance augmentation des Investissements directs Chinois. « *Entre 2000 et 2005, les IDE chinois en Afrique ont totalisé 30 milliards de dollars américains. Au milieu de 2007, le stock d'IED de la Chine en Afrique s'élevait à 100 milliards de dollars américains* ». Cette tendance est continue et les Investissements Directs Chinois en Afrique connaissent une nette augmentation au fil du temps. Aujourd'hui l'Afrique cumule 3% des Investissements Directs Chinois dans le monde. Ces investissements dans le continent sont plus visibles car diversifiés. Les secteurs les plus concernés sont : les mines ; les services de télécommunication ; fournitures des biens d'équipement notamment construction...

(1). Cas de la Guinée

En Guinée, les Investissements Directs Chinois représentent une grande aubaine pour l'économie nationale, car l'épargne du pays reste insuffisante, en effet, les investissements publics sont financés par l'extérieur jusqu'à hauteur de 80%[65]. Entre 2004-2010, la Guinée cumulait 136 millions USD d'investissements Directs Etrangers dont 8% en provenance de la Chine[66]. Le pays occupait la 16è place en terme destination d'investissements Etrangers.

Depuis 2010, les investissements Chinois se sont multipliés en Guinée, on peut même parler d'un boum économique ou un eldorado pour les investisseurs publics et privés Chinois. Le secteur minier semble occupé la première place des investissements Chinois en Guinée. En

---

[65] Aïssatou Diallo Bah, *Coopération sino-guinéenne-De l'aide bilatérale au partenariat public privé,* éditions Harmattan Guinée 2017 , Page 74.

[66] Ibid. page 77.

2011, le vice président du groupe public Chinois, China Power International (CPI) ; premier exportateur mondial de bauxite, a déclaré un investissement à hauteur de 10 milliards USD, dans l'objectif de produire en deux phases entre 4 et 8 millions de tonnes d'alumine dans la région de Boffa. Le secteur immobilier et de l'hôtellerie aussi connaissent un grand intérêt. Weily Kakimbo Groupe SA (WKG SA) la filiale de Weily And Duck Group Limited (WDG Ltd) d'origine Hong-Kongaise, a réalisé la construction de deux tours jumelles de 25 étages, cumulant 100 appartements de haut standing. La convention est d'une durée de 99 ans renouvelable sur chaque 25 ans, le groupe Chinois est actionnaire à 75% et le reste de 25% revient à l'Etat guinéen[67]. Le 02 février 2012, eut lieu le lancement de trois réceptifs hôteliers dont un hôtel de 5 étoiles. A ce jour, la capitale guinéenne compte l'hôtel Kaloum de standard international rendu opérationnel. L'hôtel comprend 290 chambres ; 26 suites et deux suites présidentielles et des bureaux. Il est entièrement financé par une société chinoise nommée GMC au coût de 55 millions USD. A coté il faut noter la construction de Plaza Diamond, un complexe de logements de luxe destiné aux Guinéens de l'étranger, financé à hauteur de 8 milliards USD[68]. La première partie des logements a été inaugurée le 28 octobre 2013 par le président Guinéen. La réalisation de ce projet est vue comme un symbole de réussite de la coopération sino-guinéenne notamment un partenariat public-privé, conclut entre l'Etat Guinéen le China Dreal Group.

En résumé, les investissements Chinois en Guinée, ces huit dernières années sont en pleine croissance, la Guinée est sans doute devenue, un nouvel eldorado pour les investisseurs Chinois. Du partenariat public-public au partenariat public-privé, presque tous les secteurs sont explorés par les investisseurs chinois en Guinée, lorsqu'on se réfère à la liste des entreprises chinoises en place.

---

[67] Ibid. Page 79.

[68] Aïssatou Diallo Bah *Coopération sino-guinéenne-De l'aide bilatérale au partenariat public privé*, éditions Harmattan Guinée 2017, Page 37

4. Problème et Objectif du sujet

4.1. Problème du sujet

A l'occasion du sommet des BRICS (Brésil-Russie-Inde-Chine-Sud-Afrique), tenu du 03 au 05 septembre 2017 à Xiamen ; ville située au sud-est de la Chine, le président Guinéen fut invité par le leader Chinois en tant que président en exercice de l'Union Africaine, afin de prendre part à cette rencontre entre les économies émergentes du monde. C'est au sortir de ce sommet des BRICS que la Guinée réussit à décrocher un accord de 20 milliards de dollars US auprès des autorités Chinoises. On pouvait ainsi lire de la déclaration du ministre d'Etat Guinéen, chargé des investissements Public-Privé ; Mr Kassory Fofana, le signataire guinéen : « *Les accords d'aujourd'hui traduisent en termes de montant, l'engagement de la Chine d'assurer à la Guinée, une enveloppe globale de 20 milliards de dollars. C'est l'accord que j'ai signé personnellement, qu'on appelle « **Programme de ressources minières contre financements** », couvrant la période de 2017-2036... ».*[69] Ainsi, durant vingt ans, la Guinée pourra bénéficier de un à un et demi de milliard de dollars pour financer nombreux projets.

Les 20 milliards de dollars disponibles sur vingt ans (2017-2036) porteront sur le financement de plusieurs projets d'infrastructures de développement couvrant les secteurs de : Transport ; d'Energie et d'Agriculture. L'ensemble de ces projets forme le paquet global, détaillé dans un tableau du *journal de l'économie guinéenne*, n°24/25[70]. A terme, la réalisation de ces vastes programmes d'infrastructures devrait garantir l'émergence de la Guinée. Il s'agit également de la mise en valeur des ressources minières du pays au service du développement du pays. L'accord peut se présenter comme un troc des ressources minières contre les financements. Depuis longtemps les ressources minières du pays n'ont pas véritablement servi à l'amélioration des conditions de vie des citoyens, les infrastructures du pays sont restées vétustes et insuffisantes, entraînant le pays dans une sclérose économique.

---

[69]Sommet Des BRICS : Alpha Condé Décroche 20 milliards de dollars de Financement. (Publié le 06/09/2017). Crédit http://afrique.le360.ma/guinee/economie/2017/09/06/14850-video-guinee-sommet-des-brics-alpha-conde-decroche-20-milliards-de-dollars-de-financement-14850

[70] Aïssatou Diallo Bah, Coopération sino-guinéenne-De l'aide bilatérale au partenari*at public privé*, éditions Harmattan Guinée 2017, (Annexe).

Incontestablement, pour la Guinée il s'agit du deal du siècle, jamais le pays n'avait bénéficié d'un tel accord portant sur une somme aussi importante. Il faut dire que c'est le plus grand accord signé entre la Chine et un pays partenaire d'Afrique. Cet accord autrement appelé : « **Programme de ressources minières contre financements** », montre l'importance des mines guinéennes notamment la bauxite et le fer dans la stratégie globale de la Chine dans le cadre d'« une ceinture et une route ». En Guinée comme partout ailleurs dans le monde, les médias ne cessent de relayer ce nouvel accord sino-guinéen, un accord qui vient réchauffer les relations sino-guinéennes en particulier mais aussi les relations sino-africaines en général. Il suscite plusieurs interrogations dont :

1. Quels sont les différents projets visés par l'accord-cadre du 05 septembre 2017 ?
2. Quels sont les risques à éviter ? La Guinée court-elle le risque d'un piège de la dette ?
3. Quels sont les impacts déjà observables sur le terrain à la fois pour la Guinée mais aussi pour la Chine ?
4. Quels sont les impacts de cet accord notamment dans l'exploitation minière bauxitique, avec la création d'une Zone Economique Spéciale à Boké ?
5. Quels sont les perspectives à envisager ?

4.2. Objectifs du Sujet

4.2.1. Objectif général

L'objectif général est la compréhension des relations sino-guinéennes depuis ses origines, mais aussi les grands changements entrepris depuis 2010 en particulier. Il s'agit de porter notre attention sur l'intérêt croissant des investisseurs publics et privés Chinois en Guinée depuis 2010. La Guinée est devenue un pôle attractif des investissements chinois, qui se diversifient dans plusieurs secteurs : Mines ; Télécommunication ; Travaux Publics ; hôtellerie ; immobilier… Le travail se donne pour objectif de comprendre les grandes opérations récentes dans le cadre des relations sino-guinéennes.

2.3.2. Objectifs spécifiques ou opérationnels

Les objectifs spécifiques pour atteindre le cadre général sont multiples, ils se résument ainsi à :

1. Explorer l'historique des relations sino-Guinéenne, qui vont au delà de 60 ans ;
2. Définir l'état actuel des relations sino-guinéennes avec l'avènement d'une nouvelle forme de coopération, qui est celle du : partenariat public-privé (PPP) ;
3. Expliquer le contenu du paquet global ainsi que les enjeux qu'il peut engendrer dans le pays, tout en exposant quelques possibles risques à éviter ;
4. Dégager les impacts sur divers secteurs des engagements chinois récents en Guinée ;
5. Dégager les perspectives visant à renforcer les acquis pour la satisfaction de tous les partenaires.

5. METHODOLOGIE

5.1. Parcours de recherche

(1) Collecter les informations nécessaires à la thèse de manière aussi complète que possible, par le biais de divers établissements universitaires, de bibliothèques physiques ou en ligne. Prise des notes dans les plateformes de partage des réalisations académiques ; les conférences et colloques. Grand intérêt aux contenus des cours durant tout le cursus et leurs apports sur le thème choisi. Sans oublier la collecte des informations sur les sites de recherches académiques et des presses, dans la plus grande prudence, car l'internet est devenu un grand bazar où se diffusent des informations souvent douteuses. Consultation des Archives originales, mémos, mémoires des décideurs concernés (ambassadeurs), ouvrages universitaires et de presses. Bref, il s'agit de collecter un grand maximum d'informations liées aux relations sino-africaines en général et aux relations sino-guinéennes en particulier.

(2) Lire et résumer en fonction des documents et des résultats de recherche antérieurs, et résumez-les.

45

(3) Se référer de manière appropriée aux théories des relations internationales pour mieux comprendre le cadre de coopération entre la Chine et l'Afrique, et particulièrement entre la Guinée et la Chine. Le cadre stato-centré, par exemple, l'alliance des pays du tiers-monde au sortir de la Conférence de Bandung, la coopération sud-sud, et la solidarité internationale entre les pays autrefois dominés dans un elan constructiviste.

5.2. Méthode de recherche

(1) Méthode de recherche documentaire. Cette recherche recueille les résultats de recherche dans la consultation de diverses sources : documentation chinoise ; guinéenne ; et d'autres (Afrique ; Occident)

(2) Méthode d'analyse comparative, c'est-à-dire en analysant les caractéristiques entre les différents pouvoirs qui se sont succédé en Guinée de 1958 à nos jours, la méthode comparative offrira, une compréhension plus claire de l'évolution des Relations Sino-Guinéennes durant toute l'évolution politique du pays. Donc au cours de 60 ans de coopération, on verra les étapes franchies, les hauts et les bas.

(3) Méthode d'analyse historique, c'est-à-dire comprendre les circonstances dans lesquelles la Guinée a décidé de nouer amitié avec la République Populaire de Chine le 04 octobre 1959.

Le livre de André Levin ; ancien ambassadeur de la France en Guinée tente ici d'analyser le contexte historique du scellement de cette coopération.

(4) Méthode holistique : Cette méthode permettra d'avoir une vision globale de la Coopération entre la Chine et tous les autres pays de l'Afrique. Il s'agit d'ouvrir une grille de compréhension sur les Relations Sino-Africaines afin de ressortir la pertinence du cadre des Relations Sino-guinéennes. Il s'agit de comprendre le cadre restreint à travers le cadre général.

6.   Points de vue de base ; innovations et lacunes

1. Points de vue de base

Ce document estime que la Chine est un partenaire historique et privilégié de la République de Guinée depuis son indépendance en 1958. La jeune République Révolutionnaire de Guinée a bénéficié du soutien financier et matériel de la part de la Chine et en retour, la Guinée à apporter son soutien diplomatique constant à la Chine. Aujourd'hui après soixante ans d'établissement de leur coopération, les deux pays sont à une phase cruciale et développée de leurs relations, cela au regard des partenariats à la fois publics-publics et publics-privés. Dans le cadre de l'accord stratégique de 2017, portant sur les 20 milliards, la Guinée peut compter sur la Chine dans l'amélioration et la construction de plusieurs infrastructures socio-économiques de base nécessaires à son développement. Quant à la Chine, elle peut compter sur son approvisionnement en matières premières en l'occurrence la bauxite pour satisfaire son besoin en aluminium et pour la poursuite de son développement. Dans le cadre du partenariat public-privé, les entreprises Chinoises qui investissent en Guinée, peuvent découvrir ce nouveau marché, créer de la richesse et de l'emploi et en retour recevoir un retour sur financement. Ce travail croit au caractère gagnant-gagnant des relations sino-guinéennes et notamment pour les guinéens, c'est une option pour les citoyens d'espérer à l'émergence de leur pays et au final espérer à son développement.

2. Innovations

Les données exploitées tout au long de cette thèse, ont mené à des résultats innovateurs. Les différentes recherches nationales et étrangères ont donné de pistes plus larges dans la compréhension des relations sino-guinéennes. Le mémoire offre un rappel historique complet des relations sino-guinéennes, notamment les conditions dans lesquelles se nouaient celles-ci. A travers une rédaction chronologique, le bilan de la coopération sino-guinéenne est présenté ; un acquis de plus de soixante ans. Les deux premiers régimes et leurs caractéristiques dans les échanges avec la Chine se trouvent dégagées. Mais le document n'est pas vide d'actualité. C'est pourquoi les récentes actions notamment les investissements Chinois depuis 2010, se trouvent également abordés. L'accord stratégique évoqué par l'auteure Aïssatou Diallo dans son livre, offre un premier travail dans la compréhension des perspectives pour la réussite et la pérennité de ces récents investissements. Cette thèse à son tour, offre de nouvelles perspectives tout en dégageant des risques que pourraient apporter cet accord si toutefois certaines bonnes conduites ne seront pas observées. Le travail évoque l'expérience malheureuse de l'Angola en 2003 dans sa signature avec la Chine d'un accord stratégique sur 10 milliards. Le scandale de corruption entrainant l'échec de cet accord et les travaux sur le terrain sont ici exposés comme un scénario à éviter dans le cadre Guinéen.

3. Lacunes

La plus grande lacune du travail est son incapacité à aborder dans l'évolution de la coopération sino-guinéenne, des détails sur des secteurs entiers, notamment : la santé, le cadre institutionnel, l'assistance militaire et technique. Il manque également de donner de statistiques de la part des autorités décrivant de près, l'évolution des financements dans le cadre de l'accord stratégique en cours. Il s'est contenté de recenser les travaux encours d'exécution. A cela, il faut noter les lacunes liées à la langue chinoise.

7. Organisation de la dissertation

Pour atteindre les objectifs fixés par le mémoire, quatre chapitre nécessitent sa rédaction, à savoir :

Chapitre 1 : Coopération sino-guinéenne de 1959-1984 : Ce premier chapitre explore d'abord le cadre global des relations sino-africaines, en rappelant la conférence de Bandung de 1955, les votes massifs des pays africains en faveur de l'admission de la Chine au concert des Nations Unies et l'introduction du FOCAC (Forum sur la Coopération Afrique-Chine). Ensuite, le chapitre donne des grandes lignes de la coopération sino-guinéenne durant le régime politique en Guinée, les acquis ; les temps forts et les caractéristiques de cette période allant de 1959-1984.

Chapitre 2 : Coopération sino-guinéenne de 1984-2008 et la Transition 2008-2010 : Ce deuxième chapitre fait le survol historique d'une période marquée par une relative timidité dans la coopération sino-guinéenne. Le pays ayant changé de tête n'a certes pas changé sa ligne diplomatique avec la Chine, cependant elle se soucie à renouer davantage avec les puissances traditionnelles, notamment la France. Certains accords de prêts et dons ont eu lieu dans le cadre de la coopération et la Chine demeure un grand partenaire du pays sur divers plans. La transition de 2008-2010 avec un l'accord de 09 milliards, ayant proposé dans sa première phase un prêt de 3 milliards USD, a suscité plein de débats en Guinée comme à l'étranger. Ces moments forts entre la Guinée et la Chine durant cette période de 1984-2010, ont été abordés avec rigueur.

Chapitre 3 : Contenu du Paquet Global et les Récents Engagements Chinois en Guinée : Ce troisième chapitre est l'explication de l'accord stratégique portant sur le financement d'une avalanche de projets, appelée : « *paquet global* ». A travers ce chapitre, on comprend les grands projets ciblés par l'accord stratégique du 05 septembre 2017.Trois principaux secteurs sont prioritaires : Agriculture, Energie et Hydraulique et enfin le Transports. Toutefois, il faut noter que ce paquet global n'est pas figé, il peut changer suivant les besoins du temps. Il souligne des infrastructures de base à financer pour l'émergence future et le développement du pays.

Chapitre 4 : Discussion sur les Impacts et Risques liés aux Récents Engagements. Il s'agit d'analyser les impacts déjà enregistrés sur le terrain. D'abord en Guinée les impacts sur les secteurs : minier ; hôtellerie et immobilier et les travaux publics dans le transport et l'énergie. Pout la Chine, l'analyse portera sur le rôle des entreprises minières chinoises dans l'exploitation de la bauxite et l'approvisionnement de la Chine en ce minerai. Mais aussi, la croissance des entreprises chinoises sur place en Guinée.

Chapitre 5 : Perspectives : Ce chapitre développera des points à renforcer pour la réussite et la satisfaction totale des investissements et des partenaires. Il s'agit par exemple de donner la priorité au transfert des compétences ; la priorité à l'industrialisation comme gage d'une plus grande value ; la transparence dans la gestion des contrats ; développement des secteurs comme le tourisme et les échanges culturels…

49

Chapitre I : Coopération sino-guinéenne de 1959-1984

1. Introduction

La coopération sino-guinéenne dès ses premières heures, a marqué un tournant important dans les relations globales entre l'Afrique et la Chine. La Guinée est alors devenue un pays ami de la Chine en Afrique, militant pour l'émancipation des valeurs partagées avec la Chine. Son rapprochement avec la Chine, lui a valu une certaine rivalité dans la sous-région, autrefois sous domination française. La Guinée fera rayonner l'esprit de Bandung dans cette partie de l'Afrique et aidera d'autres pays du continent dans leurs luttes anti-impériales. Cependant, la coopération sino-guinéenne est le fruit d'une rencontre de 1955, marquant la première rencontre afro-asiatique.

2. Cadre général (Chine-Afrique)

2.1. La Conférence de Bandung 1955

Le 01er octobre 1949, la République Populaire de Chine est proclamée par Mao Zedong, devant une foule en liesse sur la place Tiananmen. Le pays voue un intérêt à la libération de tous les peuples encore soumis à l'impérialisme, se donne une nouvelle mission : *« le devoir nationaliste »*. Dans le « petit livre rouge » de Mao il est mentionné : « *La victoire de la Chine sur ses agresseurs impérialistes aidera les peuples des autres pays.* »[71] Une déclaration qui vite se concrétisera en acte. Du 18 au 24 avril 1955, la conférence de Bandung fut organisée avec pour hôte l'indonésien Soekarno. Environ rente pays du sud ont pris part, tous venus exprimés le souhait de créer un autre monde, c'est l'émergence du tiers monde. Ce fut la première conférence ayant réunis leaders africains et chinois pour discuter de leur sort et tisser de façon officielle leur amitié. On se souvient de la complicité naissante entre le dirigeant communiste Zhou Enlai et le président Nasser, décrit par Alain Peyrefitte dans son livre. Il écrivait, l'auteur : « *Ce petit-fils de mandarin impérial, devenu le pivot du communisme chinois*

---

[71] Le petit livre rouge de Mao, XVIII l'internationalisme et patriotisme PDF, Page 61

? Ce charmeur, qui racontait à Nasser, dans un sourire, comment la Chine cultivait son meilleur pavot pour en empoisonner les G.i. du Vietnam, en souvenir des guerres de l'opium ? »[72] . Les pays asiatiques et africains opposés à une division du monde en deux parties, dans lesquelles, leurs droits seront bafoués, chose qui est facteur ne permettant pas leur affirmation totale. En effet, ils se coalisent et fondent le tiers monde. C'est également le prologue des rapports sino-africains, depuis les différentes invasions survenues dans leurs histoires respectives.

2.2. Les indépendances africaines et Etablissement des Relations sino-africaines

Les années 1960, sont généralement considérées comme la période des indépendances africaines. Quoique tous les pays du continent ne soient pas encore indépendants, une grande majorité de ceux-ci, ont déjà accédé à leur souveraineté. Tous ces pays africains désormais avaient un siège à l'Organisation des Nations Unies, et donc étaient porteurs chacun d'une voix dans l'Assemblée Générale de l'organisation. Dans ce contexte international de guerre froide, existaient deux Chines : La République Populaire de Chine et la République Nationale de Chine. Les pays africains sont alors divisés, s'agissant de leurs rapports avec la Chine. Cependant, comme le démontre les résultats du vote entre les deux Chines, en 1971, la *résolution de 2758* des Nations Unies, conclut que les votes africains favorables à la Chine Populaire s'élevaient à une vingtaine tandis que les voix contrent se limitaient à 15. Sans doute, les observateurs restent convaincus que les votes massifs des africains ont été un gage pour l'admission de la République Populaire de Chine à l'Organisation des Nations Unies. Ce pan d'histoire dans les relations sino-africaines, occupe une grande place entre les deux parties, il n'a cesse augurer une amitié et solidarité militantes entre leaders africains et chinois. L'Afrique apparaît alors un soutien diplomatique pour la Chine, comme le dénote la figure ci-dessous :

---

[72] Alain Peyrefitte, *Quand la chine s'éveille...le monde tremblera, France* loisirs- Fayard 1973, Alain Peyrefitte, chapitre III « Chou Enlai » p 53.

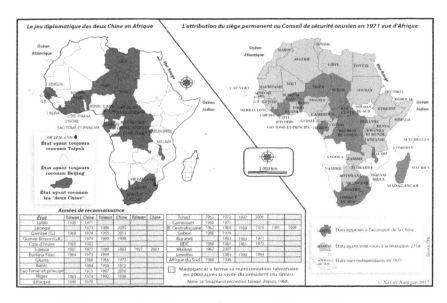

Figure 1 l'évolution des deux chines et la résolution de 2758, vue d'Afrique

Sources : Xavier Aurégan : Taiwan en Afrique : Un anachronoisme en voie de Résorption. [M] IRIS(Institut de Recherche Internationale et Stratégique), Avril 2017, p05.

Dans cette figure N°1, on peut comprendre les prises de positions diplomatiques des pays africains vis-à-vis de la Chine allant de la période des indépendances africaines jusqu'en 2007. D'abord de la droite à gauche, les deux cartes donnent des détails prêts des jeux diplomatiques. La première carte représente les pays africains en deux couleurs : le noir et blanc. On peut alors constater que les pays en blanc sont des pays africains ayant toujours reconnu Pékin dans leur ligne diplomatique. Les pays en noir, sont ceux ayant parfois au regard de certaines conjonctures reconnu les deux Chine (République Populaire de Chine et Taïwan). Certains se sont illustrés dans le changement perpétuel de leur ligne diplomatique. On peut citer par exemple : La République de Centrafrique (1962 (Taïwan) ; 1964 (Chine) ; 1968 (Taïwan) ; 1976 (Chine) ; 1991 (Taïwan) et 1998 (Chine)) ; Le Liberia (1961 (Taiwan) ; 1977 (Chine) ; 1989 (Taïwan) ;1993 (Chine) ; 1997 (Taïwan) et 2003 (Chine) ; Le Tchad (1962 (Taïwan) ; 1972 (Chine) ; 1997 (Taïwan) et 2006 (Chine))… Comme on peut bien observer, la Guinée est en couleur blanche, donc parmi les pays ayant toujours reconnu Pékin.

Quant à la deuxième carte à gauche, elle représente la position des différents pays africains dans le vote concernant l'admission ou non de la Chine aux Nations Unies en 1971. On peut distinguer trois couleurs sinon trois catégories de pays africains. Les pays à la couleur la plus sombre sont ceux ayant voté contre l'admission de la République Populaire de Chine. Ils sont au nombre d'une quinzaine. Les pays à la couleur moins sombre sont ceux ayant voté pour. On dénombre 27 pays africains favorables à l'admission Chinoise. En dernier, les pays à la couleur blanche, jusqu'en date du vote n'avaient pas encore accédé à leur indépendance. Là encore, on peut bien observer que la Guinée est parmi les pays ayant voté favorable à l'admission Chinoise.

2.3. L'introduction des FOCAC en 2000

A partir de l'an 2000, les rapports sino-africains prennent un autre tournant et inaugurent une nouvelle période. Longtemps observateurs des autres formes de rapports incluant l'Afrique et ses nombreux autres partenaires dont : les Etats-Unis ; L'Union Européenne ; le Japon et l'Inde, la République Populaire de Chine (RPC) sous la direction de Jiang Zemin, initie et organise pour la première fois un forum, unissant leaders africains et chinois à Pékin du 10 au 12 octobre 2000. C'est le premier Forum de Coopération Afrique- Chine (FOCAC), qui est devenu la plus grande plateforme, avec certains de ses sommets capables de réunir le plus grand parterre de chefs d'Etats africains.

A ce jour le FOCAC symbolise les ambitions de la diplomatie chinoise en Afrique. Les thèmes comme création d'« *une communauté de destin* » et de « *l'Initiative une Ceinture et une Route* » ou les « *Nouvelles Routes de Soie* » mettent l'Afrique au cœur des enjeux du XXIème siècle.

3. Indépendance de la Guinée

Le premier régime est né de l'indépendance le 02 octobre 1958, grâce au vote du referendum du 28 septembre de la même année. La jeune République de Guinée s'est mal séparée avec sa puissance colonisatrice ; la France. Bien que l'indépendance guinéenne s'est passée sans scènes de violence, encore moins une effusion de sang, par contre le climat fut réellement tendu et difficile avec la France. Les écrits de Lamine Kamara édifient clairement lorsqu'on lit : « *L'indépendance de la Guinée avait certes été acquise dans la dignité, sans effusion de sang, mais dans un climat d'affrontement à peine voilé, de défis par discours interposés. Sans qu'ils aient été considérés à l'époque comme des déclarations de guerre, le discours d'accueil de Sékou Touré et la réponse du Général de Gaulle, quand on les décrypte même aujourd'hui, révèlent une tension extrême.* » [73] . Plus de soixante ans d'indépendance guinéenne et donc de la séparation entre la Guinée et la France (puissance colonisatrice), les sentiments d'hostilité et de victimisation restent toujours vifs entre les leaders des deux pays.

Les actions de déstabilisation envers la Guinée, menées par une France nostalgique de son prestige colonial, et les difficultés posées par une demande intérieure exigeante, ont plongé *« La Guinée, Sous les Verrous de la Révolution »* qui a duré environ 26 ans. Durant 26 ans de règne, le pays demeurait dans une lutte sans fin. Cet antagonisme croissant avec la France, exigeait au pays de nouer avec les pays du monde, capables de le défendre et de l'aider à se doter des infrastructures de base développement. L'orientation de la politique dans le pays était une voix non capitaliste, ce choix entraine le pays dans le mouvement des *non- alignés*[74]. Le pays très tôt s'engage auprès des mouvements de lutte contre l'impérialisme étranger en Afrique. L'unité africaine est désormais une nécessité sans laquelle les pays africains sont voués à périr, comme le faisait comprendre Nkwamé Nkruma : « *l'Afrique doit s'unir ou périr* ». C'est d'ailleurs avec le Ghana qu'est né l'Union Guinée-Ghana, fondée le 03 décembre 1958[75], et qui sera ensuite rejoint plus tard par le Mali. Cependant en 1963, l'union est dissoute au profit de la création de l'Organisation de l'Unité Africaine. L'engagement de la Guinée auprès des Etats africains sous domination étrangère et son militantisme pour la justice internationale demeurent encore dans les annales d'histoire du pays et dans le monde entier. Ce militantisme résume l'engagement de la politique étrangère de la Guinée en Afrique. Quid du monde extérieur, notamment l'établissement des relations avec la Chine ?

---

[73] Lamine Kamara, Les Racines de l'Avenir- Réflexion sur la première République de Guinée, L'harmattan 2012, page 24.

[74] Ibid. Page 25.

[75] Union Guinée-Ghana, 03 Decembre 1958. Crédit : https://fresques.ina.fr/jalons/fiche-media/InaEdu01656/union-de-la-guinee-et-du-ghana.html

4. L'établissement des Relations avec la Chine

Le premier régime de la République de Guinée, fut le premier pays de l'Afrique noire à établir les relations diplomatiques avec la Chine, le 04 octobre 1959.[76] Quoique cette version se trouve remise en cause par Kwamé Kruma, soutenant que son pays est précurseur sur cette voie diplomatique le 05 juillet 1958[77], cependant il est incontestable que les rapports sino-guinéens ont longtemps demeuré à l'état officieux avant la déclaration officielle le 04 octobre 1959. Toutefois, le président Sékou Touré fut le premier président noir à visiter la Chine, le 14 septembre 1960 avec tous les honneurs dus. Les valeurs entre les deux pays restaient communes. La République Populaire de Chine leader du tiers monde et favorable à une voie marxiste de développement tout comme la Guinée, partageaient les mêmes valeurs. Sékou Touré revendiquait le marxisme comme une valeur universelle et faisait figure d'un « *marxisme noir* » [78]. Du 21 au 27 janvier 1964, la mission conduite par Zhou Enlai en Guinée, reçoit à son tour, tous les honneurs et l'hospitalité du peuple africain de Guinée. La délégation séjourna durant 6 jours, pendant lesquels les villes comme Kindia et Labé ont été visitées par l'émissaire chinois en compagnie de son hôte ; président Ahmed Sékou Touré. On se souvient alors du discours de Sékou Touré rapporté par André Levin : « *Dans son effort pour bâtir le pays, que le peuple guinéen prenne tout spécialement exemple sur le peuple chinois. Le travail opiniâtre des chinois servira d'exemple pour lutter contre notre paresse, contre notre indolence* »[79]. Ainsi la Guinée et la Chine ont multiplié plusieurs accords économiques et techniques. Mais le succès du rapprochement sino-guinéen, n'était pas resté sans opposition en Afrique. Perçues comme une menace dans une Afrique divisée sous l'influence des puissances étrangères, les relations sino-guinéennes souffraient des velléités extérieures. Dans le « pré-carré » notamment l'Afrique occidentale Française, plusieurs alliés de la France remarquaient avec un œil malveillant l'importance de la Chine dans la région grâce à la Guinée. Pour preuve, le président ivoirien Felix Houpheit Boigny, déclarait : « *Le 23 janvier 1965, le président Houphouët-*

---

[76] Olivier Mbabia, La Chine en Afrique – Histoire-Géopolitique- Géoéconomie, Ellippse Edtions Marketing S.A., 2012, Annex page 148.

[77] http://gh.china-embassy.org/eng/zjgx/zzwl/t177920.htm

[78] *Ahmed Sékou Touré (1922- 1984). Président de la Guinée de 1958 à 1984.* Paris. L'Harmattan. 2010. Volume I, écrit par André Lewin page 159.

[79] André Lewin, *Ahmed Sékou Touré (1922- 1984). Président de la Guinée de 1958 à 1984.* Paris. L'Harmattan. 2010. Volume I, page 172.

Boigny attaque violemment la Chine communiste et ceux qui l'aident à s'installer en Afrique, formule qui vise évidemment la Guinée, entre autres. »[80] En effet Sékou Touré est taxé d'agent de la Chine en Afrique de l'ouest, chargé de promouvoir le communisme dans la région.

Tout d'abord, bien avant l'officialisation des relations sino-africaines en 1959, la Guinée reçut son premier don auprès de la Chine, un don de 5 mille tonnes de riz arraisonnées au port de Conakry le 29 juin 1959. L'aide chinoise au développement sous la première république portait sur des accords économiques et techniques, culturels et commerciaux qui s'élevaient au nombre de 18 jusqu'en 1985[81]. Plusieurs unités industrielles et infrastructures ont été réalisées dans le cadre de la coopération technique et économique. Ces interventions de la Chine en Guinée ont permis de doter le pays de certaines infrastructures de base et en même temps contribuer à la création des richesses à travers les nouvelles unités de production. Ces facteurs ont sans doute aussi permis le transfert du savoir technique à la main d'œuvre du pays. Depuis 1968 la Guinée reçoit les missions médicales chinoises et de nombreuses bourses, cela dans le cadre de la formation scientifique et de l'assistance sanitaire.

5. Les premiers acquis dans la coopération sino-guinéenne

5.1. Les unités industrielles et Infrastructures construites sous la première République

Durant toute la première république guinéenne, la Chine a contribué à plusieurs efforts internes en Guinée. Les circonstances de l'indépendance Guinéenne le 02 Octobre 1958, a plongé le pays sous une forme d'embargo vis-à-vis de la France ainsi qu'auprès de certains pays francophones d'Afrique. L'idée était d'étouffer la jeune République afin que son indépendance singulière dans le pré-carré français ne puisse faire « tâche d'huile ». C'est dans cette situation qu'intervient l'aide massive de la Chine, notamment dans la dotation du pays de certaines unités industrielles, créatrices de richesses et de l'emploi. De 1960-1976, plusieurs unités industrielles et infrastructures ont été réalisées.

Entre 1964-1976, Cinq principales unités industrielles furent mises en opération. Il s'agit des unités industrielles moyennes mais d'intérêts directs pour les populations locales. Une unité de

---

[80] Ibid. page 173.

[81] Aïssatou Diallo Bah, *Coopération sino-guinéenne-De l'aide bilatérale au partenariat public privé,* éditions Harmattan Guinée 2017 Page 34.

fabrication d'allumettes et de cigarettes, faisait de la Guinée un des premiers exportateurs de la cigarette en Afrique. Des industries agro-alimentaires, notamment la sucrerie de Koba ; l'huilerie d'arachides de Dabola et l'usine de raffinement de Thé à Macenta. Il y'avait également une usine de montage de pièces de machines agricoles, afin de doter les paysans guinéens d'outils mécaniques et d'espérer à une autosuffisance alimentaire. Cependant, dans le cadre des programmes d'ajustement structurel, à partir de 1986[82], les reformes entreprises par l'Etat guinéen ont précipité les fermetures de ces unités industrielles qui souffraient déjà d'une gestion malsaine. Ces réformes menées ont conduit à un désengagement de l'Etat du secteur industriel et sans doute à un repli des partenaires Chinois.

Tableau 1 Industrie 1er régime (sino-guinéen)s

N°		Année de mise en place	Capacité /an	Spécialisation
1	ENTA (Entreprise Nationales des Tabac et d'Allumettes	1964	48000 carton de Cigarettes, 36000 cartons de cigarettes à filtre et 60000 carton d'allumettes	Fabrication d'Allumettes et de Cigarettes
2	Usine de Thé de Macenta	1968	1968	Raffinement de thé
3	Dabola	1970	10 000 t d'arachides p	Production de l'huile d'arachides
4	Briqueterie de Kankan	1970-1972	15 000 briques par jour	Fabrication de Briques

---

[82] *Les relations entre la Guinée et la Chine : commerce, investissement et aide,* rédigé par *Groupe* de Recherche et d'Appui au Développement Economique et Social (GRADES) sous l'initiative du consortium pour la recherche économique en Afrique (ECONSOR), PDF, page 8.

| 5 | USOA (Usine d'outillages Agricoles | 1974 | 950.000 pièces | Pièces de Rechanges |
| 6 | SUKOBA | 1976 | 6000 tonnes de sucre et 720000 lires d'alcool | Sucre et Alcool |

Sources : *Coopération sino-guinéenne-De l'aide bilatérale au partenariat public privé,* Aïssatou Diallo Bah, éditions Harmattan Guinée 2017 Page 42.

Tableau 2 Infrastructures 1er régime (Sino-guinéen)

N°	Infrastructures	Année d'inauguration
1	Palais du Peuple	1967
2	Monument du 22 novembre 1970	1970
3	Jardin de 02 octobre	Dans les années 1960
4	Barrage de Kinkon	1966

Aïssatou Diallo Bah, Coopération sino-guinéenne-De l'aide bilatérale au partenariat public privé, éditions Harmattan Guinée 2017,p38.

En outre, il fallait également doter la Guinée d'infrastructures de base, capables d'offrir une certaine grandeur à l'autorité publique. La Chine a offert des infrastructures capitales au fonctionnement du jeune Etat Guinéen. Notamment : le Palais du peuple ; le Jardin de 02 octobre et le barrage de Kinkon. Le palais du peuple a toujours servi de lieu des grandes assemblées populaires, des rencontres politiques et sociales mais aussi un lieu de distraction du publics autour de la culture. Au lendemain de l'agression portugaise, le 22 novembre 1970, la Chine a aussitôt offert un monument pour la mémoire des victimes guinéennes tombées sous les balles des envahisseurs impérialistes. Aujourd'hui, c'est évident que ce monument dans le jardin du palais du peuple traduit une page importante de l'histoire guinéenne mais aussi de solidarité entre peuples Chinois et Guinéens dans les moments difficiles.

5.2.Accord de prêts de 1960-1983

La Guinée et la Chine entreprirent plusieurs plusieurs accords économiques et techniques, le premier régime fut riche en accords de coopération économique ; accords de prêts commerciaux ; accords de projets culturels ; accords de crédits financiers et accords de prêts en marchandise. Plusieurs dettes liées aux accords ont été annulées, certains étaient à de taux très préférentiels ou voire sans intérêts tandis que d'autre étaient simplement non remboursables[83].

Comme toujours, la Chine profite souvent des sommets intergouvernementaux pour annoncer l'annulation de la plupart des prêts qu'elle accord aux pays partenaires. On se souvient du premier sommet de FOCAC (Forum de la Coopération Afrique-Chine), dont une des principales décisions fut l'annulation de la dette de 32 pays africains qui s'élevait à 1,2 milliards de dollars.

Tableau 3 Accords Prêts de la RPC, 1960-1983

N°	Désignation	Date signature	Echéance Ré échéance	Remarque
1	Accord de coopération économique et technique	13/09/1960	01/01/1970-31/12/1979	Annulé
2	Accord de coopération économique et technique	16/11/1966	01.01.1977-31/12/1979	Annulé
3	Accord de prêt commercial	16/11/1966	01/01/1973-31/12/1977	Annulé
4	Accord de projets culturels	26/08/1968	01/01/1977-31/12/1986	Annulé
5	Accord de prêt en marchandises	28/02/1969	01/01/1975-31/12/1979	Annulé

---

[83] *Les relations entre la Guinée et la Chine : commerce, investissement et aide,* rédigé par *Groupe* de Recherche et d'Appui au Développement Economique et Social (GRADES) sous l'initiative du consortium pour la recherche économique en Afrique (ECONSOR), PDF, page 21.

6	Accord de coopération économique et technique	09/10/1969	01/01/1978-31/12/1990	Annulé
7	Accord prêt en marchandises	30/01/1970	01/01/1976-31/12/1980 01/01/2001-31/12/2004	Prêt commercial
8	Accord de prêt en marchandises	08/02/1971	01/01/1977-31/12/1981 01/01/2000-31/12/2004	Prêt commercial
9	Accord de prêt en marchandises	05/02/1972	01/01/1978-31/12/1982 01/01/2000-31/12/2004	Prêt commercial
10	Accord de Prêt en marchandises	13/12/1972	01/01/1979-31/12/1983 01/01/2000-31/12/2004	Prêt sans intérêt
11	Accord de crédit financier	13/12/1972	01/01/1979-31/12/1983 01/01/2000-31/12/1983	Prêt commercial
12	Accord de prêt en marchandises	15/02/1974	01/01/1979-31/12/1983 01/01/2000-31/12/1983	Prêt commercial
13	Accord de prêt en marchandises	11/03/1975	01/01/1981-31/12/1986 01/01/2001-31/12/2005	Prêt commercial
14	Accord de prêt en marchandises	18/10/1975	01/01/1982-31/12/1986	Prêt commercial

			31/12/1986-01/01/2002	
15	Accord de Coopération économique et technique	20/08/1980	01/07/1990/-30/06/2000	Prêt sans intérêt
16	Accord de l'imprimerie de la Monnaie FG	11/11/1981	01/01/1998-31/12/1991 01/01/2000-31/12/2004	Prêt commercial
17	Accord de prêt de Rénovation des Equipements de sucrerie de Koba accordés	02/02/1983	01/01/1988-31/12/1992 01/01/1998-31/12/2002	Prêt commercial

Source : *journal de l'économie guinéenne*, n°24/25, hors-série Coopération Chine Guinée. Tiré dans : Coopération sino-guinéenne. De l'aide bilatérale au partenariat public-privé, Aïssatou Diallo Bah, L'harmattan Guinée 2017, Annexe.

Dans ce tableau N°3, on peut dénombrer dix-sept accords. Ces accords portent sur les financements des marchandises de première nécessité ; des crédits financiers ; de la fourniture des matériels ou équipements techniques mais aussi de projets culturels. Les échéances pour les remboursements sont au moins de dix ans. La plupart de prêts sont sans intérêt tandis que certains sont annulés, comme les six premiers accords. Ce tableau démontre que la Chine est pour la Guinée un donateur historique[84].

---

[84] Aïssatou Diallo Bah, Coopération sino-guinéenne-De l'aide bilatérale au partenariat public privé, éditions Harmattan Guinée 2017 Page 117.

6. Caractéristiques

Les relations sino-Guinéennes entre 1959-1984, ont été fortement marquées par le militantisme tiers-mondiste. Le dévouement des pays du tiers monde non-alignés aux deux blocs antagoniques notamment l'Est et l'Ouest, ont davantage approché la Chine et l'Afrique. En Afrique, Sékou Touré était une grande figure du mouvement pour la libération et le développement des pays du tiers monde. Sous sa présidence, la Guinée opte pour une diplomatie active et militante. Son rapprochement avec la Chine Populaire fut un gage de sécurité pour le jeune Etat, en retour une présence africaine était assurée à la Chine. Cela permit également à de nombreux pays africains de nouer avec le pays. Au delà de la politique, les rapports économiques furent fructueux. Les accords économiques, techniques, culturels et commerciaux furent au nombre de 18 entre 1959 et 1985. Beaucoup de réalisations d'infrastructures eurent lieu sans oublier l'assistance en matière de santé et de formation des premiers cadres du pays.

Il faut également noter que la première République Guinéenne a été riche en échange humain avec la République Populaire de Chine. La Guinée a reçu la visite des hautes personnalités chinoises. Entre 21 au 27 janvier 1964[85] dans le cadre d'une tournée de huit semaines en Afrique, Zhou Enlai visita les principaux partenaires de la Chine dans le continent : Algérie ; Maroc ; Tunisie ; Ghana ; Guinée ; Mali ; Soudan ; Ethiopie ; Somalie. En Guinée, le responsable Chinois passa une semaine en Guinée, durant laquelle, il découvrit certaines préfectures à l'intérieur du pays, notamment : Labé et Kindia. On se souvient que c'est lors de cette visite que le président guinéen, Ahmed Sékou Touré déclara : « *Dans son effort pour bâtir le pays, que le peuple guinéen prenne spécialement exemple sur le peuple Chinois. Servir d'exemple pour lutter contre notre paresse, contre notre indolence* ». On note également en 1982, le premier ministre Chinois Zhao Ziyang, qui visita la Guinée dans le cadre d'une large campagne d'information des partenaires Africains de la Chine, sur les différentes reformes engagées en Chine ainsi que leurs impacts sur l'aide Chinoise au développement.

---

[85] André Levin, *Ahmed Sékou Touré (1922- 1984). Président de la Guinée de 1958 à 1984.* Paris. L'Harmattan. 2010. Volume I, Chapitre 37.

7. Conclusion

Au lendemain de la première rencontre afro-asiatique, jusqu'à l'établissement des premières Relations diplomatiques entre les pays africains et la Chine, en passant par les indépendances, l'histoire contemporaine note que l'aube des Relations sino-africaines reste fortement marquée par la rivalité idéologique ; la Guerre froide, mais aussi par les forces réactionnaires impérialistes. C'est bien alors dans ce climat international que la Guinée noua ses relations avec la Chine, et devint un allié chinois dans la Sous région. Grace à la Chine, le pays saura faire face à certaines demandes intérieures et bénéficia de dons et de prêts en infrastructure, en alimentation,[86] en techniques, sanitaire…

---

[86] Selon Olivier Mbabia, entre 1958-1961, la Chine a donné en don 30 mille tonnes de riz à la Guinée. Crédit : Olivier Mbabia, La Chine en Afrique – Histoire-Géopolitique- Géoéconomie, Ellippse Edtions Marketing S.A. , 2012Page 23.

Chapitre II : Coopération sino-guinéenne de 1984-2008 et la Transition 2008-2010

1. Introduction

Au lendemain de la mort du président guinéen le 26 mars 1984, les militaires à leurs têtes le colonel Lansana Conté, s'investissent au pouvoir de Conakry. Une nouvelle ère commence, le pays connaît une courte période de turbulence, causée par une alternance inattendue. *Le discours programme du 22 décembre 1985 du* nouveau président guinéen, est sans détour et exprime une grande rupture avec l'ancien système. Le président dans un discours d'une dizaine de pages, présente la nouvelle orientation que son équipe et lui tiennent à donner au pays. Dès l'entrée du discours, une question est posée : *« Je présente aujourd'hui un programme et des hommes pour le réaliser. De quoi la Guinée a-t-elle besoin ? De producteurs libres et entreprenants, d'un Etat au service du développement »*[87] Il faudrait déceler les problèmes qui ont miné l'administration précédente : une administration à assainir par les nouvelles réformes. Le président fustigeait lui-même en ses mots : *« A la fonction publique, nous avons hérité de la pagaille ».* En effet les mauvaises pratiques d'une administration fortement politisée jugée assez bureaucratique, ont engendré une économie ressemblant à l'image d'*« un véhicule abandonné, laissé longtemps sans entretien.. ».* Dès lors les réformes sont plus qu'une nécessité. Ces réformes sur le plan économique exigent d'abord le désengagement de l'Etat dans le marché pour se contenter du rôle d'arbitre. Donc le *libéralisme,* contrairement à la voie socialiste prônée par l'ancien régime. L'omniprésence de l'Etat dans l'économie notamment dans le commerce avec les grands magasins de fourniture, devrait fermer progressivement, le commerce mérite d'être libéralisé. *« Il n'y a pas d'économie libre sans commerce libre. »* Telle est désormais la nouvelle formule des autorités issues du pouvoir de 03 avril 1984.

---

[87] Discours Programme du 22 Décembre du Président Lansana conté, crédit :
http://fayllar.org/discours-programme-du-president-lansana-conte--le-22-decembre.html

2.   Nouvelle voie politique et économique à partir de 1984

La nouvelle voie de développement libérale ou capitaliste devra remplacer l'ancien système. Les entreprises étatiques notamment fruits de la coopération sino-guinéenne devraient subir de vastes réformes. « *Une profonde rénovation avec réduction des effectifs du personnel s'impose pour la plupart des Entreprises qui le composent. Sauf dans les domaines stratégiques, nous souhaitons que ces entreprises soient reprises pars le secteur privé ou transformées en sociétés d'économie mixte. Nous ne pouvons tenir compte du seul critère de rentabilité immédiate pour fermer celles qui devront l'être.* » Faudrait-il craindre un libéralisme sauvage pour le pays ? Quel sera le sort des unités industrielles, fruits de la coopération sino-guinéenne durant le premier régime ? Malgré les assurances du président guinéen face aux risques liés à un libéralisme sauvage, comme il déclarait lui-même : « *Nous connaissons les effets néfastes du libéralisme sauvage sur la société africaine. Nous ne voulons pas de l'écrasement des faibles par les forts : profiteurs du système, spéculateurs et groupes internationaux.* » Les attentes de l'ouverture du marché aux particuliers en Guinée, a précipité le pays dans un chaos. Après une longue année d'expérience, les objectifs n'ont pas été satisfaits dans la gestion de la plupart des unités de production. Bien-entendu la faillite de ces unités industrielles ne peut être endossée à ces réformes engagées sous le deuxième régime, car une crise de bonne gestion à l'intérieur des unités de production, demeurait longtemps bien avant les nouvelles réformes, comme le soutiennent nombreux observateurs guinéens et étrangers. Cependant, il reste à conclure que les nouvelles réformes engagées ont anticipé ou voire accélérer la fermeture de la quasi-totalité des unités industrielles. C'est là, une des raisons de la déception des partenaires chinois en Guinée. Pour corroborer cela l'ambassadeur Chinois ; Huo Zhengde en Guinée(dans son intervention le 26 février 2008 lors de la quatrième édition de la commission mixte sino-guinéenne), en répondant à la question d'un journaliste sur la timide relation entre la République de Guinée et la République Populaire de la Chine, déclare que cela : « *s'expliquerait par la disparition des unités industrielles publiques que son pays a implanté en Guinée* » [88]. La figure ci-dessous retrace l'évolution de l'aide Chinoise à la Guinée sur un demi siècle.

---

[88] *Les relations entre la Guinée et la Chine : commerce, investissement et aide,* rédigé par *Groupe* de Recherche et d'Appui au Développement Economique et Social (GRADES) sous l'initiative du consortium pour la recherche économique en Afrique (ECONSOR), PDF, page 8.

Figure 2 Evolution de l'aide chinoise en Guinée de 1960 -2010

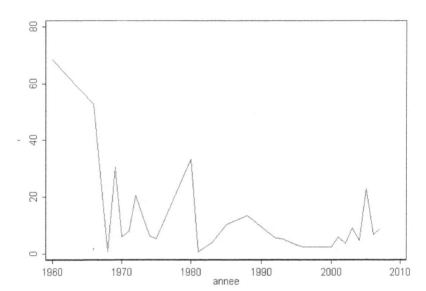

Sources : Les relations entre la Guinée et la Chine : commerce, investissement et aide, rédigé par Groupe de Recherche et d'Appui au Développement Economique et Social (GRADES) sous l'initiative du consortium pour la recherche économique en Afrique (ECONSOR), PDF, page 15.

Sur cette image N°2, on comprend bien que les dix premières années de coopération entre la Guinée et la Chine, ont été au plus fort moment en termes d'aide Chinoise au développement destinée à la Guinée. Cependant, à partir des années 70, on remarque une baisse drastique de cette aide, l'année 1970 a enregistré le plus bas niveau de l'aide Chinoise en Guinée. Entre 1970 et 1980, le volume des aides ont été repartir à la hausse, mais celle-ci n'a jamais atteint le niveau des années 60. 1980, une nouvelle chute encore, et de 1980 à 2003, l'aide Chinoise reste pour le moins considérable et on peut parler d'une régression par rapport aux années précédentes mais une relative stabilité durant les deux décennies. A partir des années 2010, on peut constater que la courbe de l'aide augmente graduellement jusqu'en 2017 où elle connaît une augmentation plus ou moins considérable.

En effet, en dépit des grandes réformes insufflées dans les différents secteurs du pays et les nouvelles orientations dans la politique étrangère Guinéenne, visant à rapprocher le pays davantage aux pays de l'Ouest, notamment l'ancienne puissance colonisatrice ; la France, la Guinée et la République Populaire de Chine ont su garder leurs relations bilatérales. Dans les tableaux 3, on peut lire que les accords de prêts sans intérêts entre 1986 à 2008 sont au nombre de huit (8). Et les accords économiques et techniques non remboursables entre 1995 à 2007, sont au nombre de 11, dans le suivant tableau. En terme d'aide financière, le premier régime à garder une large différence sur le second, comme le démontre la figure 11 ci-dessous. Cependant on ne peut pas déduire que la Chine a abandonné la Guinée au lendemain de la mort de Sékou Touré, elle a toujours continué à apporter de soutiens économiques, techniques et financiers à la Guinée. Cependant les difficultés politiques et économiques en Guinée favorisaient moins les Investissements Directs Etrangers notamment les investissements chinois. Les facteurs liés au manque d'attractivité de l'économie guinéenne durant toute cette époque se résument aux *« infrastructures lacunaires, l'instabilité politique persistante, les problèmes d'approvisionnement électrique et le manque de main-d'œuvre qualifiée limitent l'attrait potentiel de ce pays »*[89] . Ces facteurs énumérés ne sont pas que propres à la Guinée, la plupart des pays africains les connait et en effet attire moins les Investissements Directs Etrangers dans le continent. C'est là aussi, une des raisons qui explique le retard économique du continent africain.

3. Quelques infrastructures en dons et Accords de Prêts faites par la Chine

Sous la deuxième République (1984-2008), les échanges avec la Chine ont été fructueux, et plusieurs réalisations d'infrastructures publiques et les signatures des accords de prêts ont été menés. Sauf qu'à la différence de la première République les actions n'ont pas été massives. Néanmoins, certaines infrastructures se sont avérées capitales et de grande utilité. La construction de l'hôpital sino-guinéen à Conakry (Kipé) et sa mise en service en 2012 à booster les capacités médicales Guinéennes. La construction et l'opérationnalisation de ce nouvel hôpital permettrait de réduire à 40%[90], les évacuations étrangères du pays. Il faut encore noter,

---

[89] Les investissements directs étrangers clé 41d94c. Juin 2014spdf (page 1 sur 2)

[90] La Chine redouble d'effort en Guinée dans le domaine médical**Publié par Chine Magazine** | **Avr 30, 2018** | **Afrique, MONDE. Crédit :** https://www.chine-magazine.com/la-chine-redouble-deffort-en-guinee-dans-le-domaine-medical/

une autre infrastructure sportive. La Chine n'a pas manqué de choisir la Guinée dans sa vaste politique de doter plusieurs pays du continent en stade de football. « La diplomatie des stades » comme qualifient nombreux observateurs de la Chine en Afrique, a permis de doter quasiment sur tout le continent 50 stades de grande capacité. La Guinée a bénéficié dans ce vaste programme et un stade nouvellement baptisé : Stade Général Lansana Conté. Ce stade compte une capacité de 50 milles places. Aujourd'hui, ce don de la Chine reçoit des compétions nationales et étrangères et fait à la fois la joie des joueurs et le public sportif.

Tableau 4 **Infrastructures sous le Deuxième Régime**

N°	Noms	Sites ou lieux
1	La RTG 2 (Radiotélévision Guinéenne) Koloma	Conakry (Koloma)
2	Centres d'émissions en ondes courtes	Labé, KanKan,N'zérékoré
3	L'hôpital Sino-Guinéen	Conakry (Kipé)
4	Stade de Nongo	Conakry (Nongo)

Sources : *Coopération sino-guinéenne-De l'aide bilatérale au partenariat public privé,* Aïssatou Diallo Bah, éditions Harmattan Guinée 2017, Page 38.

Quant aux accord de prêts, malgré une baisse nette de l'aide Chinoise à la Guinée depuis 1986, jusqu'en 2006 huit accords de prêt ont eu lieu ; des accords sans intérêts. Il faut dire que la Chine n'a jamais cessé de conclure d'apporter son assistance financière ; technique et économique à la Guinée.

Tableau 5 Accords de Prêts sans intérêts, 1986-2008

N°	Désignation	Date et Signature	Echéance et Rééchéance	Remarque
1	Accord de prêt	25/03/1985	01/01/1995-31/12/2004 01/01/2000-31/12/2009	Prêt sans intérêts
2	Accord de prêt	10/07/1985	01/08/1998-31/07/2008	Prêt sans intérêts
3	Accord de prêt	11/01/1988	31/07/2008-31/07/2008	Prêt sans intérêts
4	Accord de prêt	24/09/1993	31/07/2008-31/01/2013	Prêt sans intérêts
5	Accord de prêt	09/12/2003	01/01/2014-31/12/2023	Prêt sans intérêts
6	Accord de prêt	26/10/2004	01/11/2014-31/12/2024	Prêt sans intérêts
7	Accord de prêt	18/11/2005	01/12/2020-31/11/2030	Prêt sans intérêts
8	Accord de prêt	25/08/2006	01/09/2006-31/08/2016	Prêt sans intérêts

Source : *journal de l'économie guinéenne*, n°24/25, hors-série Coopération Chine Guinée. Tiré dans : Coopération sino-guinéenne. De l'aide bilatérale au partenariat public-privé, Aïssatou Diallo Bah, L'harmattan Guinée 2012, Annexe.

4. Exportations et Importation Chine-Guinée (1987-2006)

Jusqu'en 2006, la Chine occupait la deuxième place des échanges commerciaux avec la Guinée, derrière la France avec 15% de part. Concernant l'aide pour le commerce, la Guinée bénéficie des taux préférentiels spéciaux (nuls) à titre unilatéral avec la Chine. Ce traitement spécial est destiné aux pays les moins avancés dans l'exportation de certains produits. Cent Quatre-vingts pays sont concernés. Selon les données ci-dessous, la Guinée importe plus qu'elle n'exporte vers la Chine. Sa balance commerciale est alors déficitaire avec la Chine. La Guinée importe plusieurs produits de la Chine dont : Fils ; tissus ; articles textiles ; véhicules ; machines et appareils électriques ; chaussures ; vêtements ; appareils et équipement de télécommunication ; céréales etc. Les valeurs des importations Guinéennes de la Chine étaient de loin supérieures à 10 millions dollars[91].

En retour, la Chine importe de la Guinée de produits suivants : Métaux non ferreux ; Caoutchouc bru ; poissons ; crustacés ; mollusques ; ouvrages en cuir etc. Jusqu'en 2006, les mines n'occupaient une grande part dans les échanges commerciaux des deux pays, comme ils sont devenus à ce jour. La Chine est à ce jour le premier partenaire commercial de la Guinée et la bauxite le premier plan dans les échanges.

---

[91] *Les relations entre la Guinée et la Chine : commerce, investissement et aide,* rédigé par *Groupe* de Recherche et d'Appui au Développement Economique et Social (GRADES) sous l'initiative du consortium pour la recherche économique en Afrique (ECONSOR), page19.

Taux d'importation et d'exportation entre la Chine et la Guinée (1987-2006)

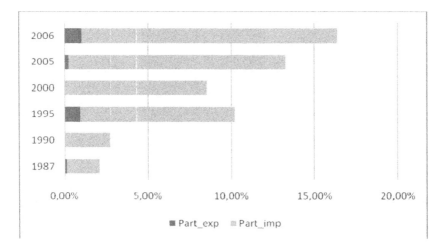

Figure 3. **importation et exportation entre la Chine et la Guinée (1987-2006)**

Source : *Les relations entre la Guinée et la Chine : commerce, investissement et aide,* rédigé par *Groupe* de Recherche et d'Appui au Développement Economique et Social (GRADES) sous l'initiative du consortium pour la recherche économique en Afrique (ECONSOR), page 15. Crédit : https://www.econstor.eu/bitstream/10419/93160/1/59946884X.pdf

Cette image offre la compréhension de l'évolution des échanges commerciaux entre la Guinée et la Chine sur une période d'environ 20 ans (1987-2006). On peut déduire que les échanges commerciaux sino-guinéens ont connu une augmentation notoire sur deux décennies. Alors que le volume ne représentait pas 1987 encore 5% des échanges guinéens, la Chine occupait 15% des échanges guinéens avec la place de deuxième en tant que partenaire commercial de la Guinée après la France. On peut aussi remarquer que le volume des marchandises à l'importation et à l'exportation reste très disproportionné. Le rapport commercial est largement déficitaire pour la Guinée, qui n'exporte que moins de 3% de ces exportations en direction de la Chine. Cela en raison de la faible productivité du pays essentiellement basée sur les produits forestiers et miniers.

6. Caractéristiques

La Chine jusqu'en 2007 occupait plus de 15% des importations et exportations guinéennes, les échanges commerciaux entre les deux pays sont restés maintenus. La Guinée exporte en grande partie vers la Chine des produits forestiers notamment le bois et le liège et le caoutchouc brut, des produits de mers : poissons et mollusques. A côté se trouvent des articles légers : chaussures, textiles traditionnels, des déchets métaux… Certaines unités industrielles ; fruit du premier régime ont été reformées, ENTA (Entreprise Nationale des Tabacs et Allumettes) est devenue ENTAG (Entreprise Nationale de Tabac et d'Allumettes de Guinée) avant de fermer leurs portes dans les années 2000, car leurs privatisations n'ont pas connu de succès. Il y a également SUKOBA (sucrerie de KOBA), a cédé en faveur d'une nouvelle société aux capitaux sino-guinéens (80% part chinoise et 20% part guinéenne). La nouvelle société SIGUICODA (Sino-Guinéen de Coopération pour le Développement Agricole) était destinée à produire du riz et faire de l'élevage des volailles à partir de 1997. Dix ans après les attentes n'ont pas été satisfaites comme prévues, l'entreprise ne fonctionnait que sur le seul volet de l'élevage.

Ensuite quelques accords ont concerné le secteur de la pêche dans les 1990, la Société China International Fisheries Corporation, nourrissait des ambitions de contrats avec la Guinée. Les eaux guinéennes sont assez réputées d'être riches en ressources halieutiques, le pays regorge une diversité d'espèces de poissons, des mollusques comme les calmars abondent les eaux du pays ; des mets appréciés par le public chinois. En effet, *« en janvier 1997, un accord de pêche a été signé entre les deux gouvernements autorisant 23 chalutiers chinois à exercer leurs activités dans la Zone Economique Exclusive guinéenne, (ZEE), pour 3548 tonneaux de jauge brute. »*[92] Une autre société fut créée durant le second régime, spécialisée dans l'exploitation forestière. Il s'agit de la Société Forêt forte, créée en 2002, la société vendait et voire exportait à la fois de la matière brute au produit fini. C'est le bois brut qui était vendu mais aussi des matériels à base de bois destinés à la construction des maisons, notamment des contreplaqués. Cependant, les actions de la société étaient assez mal perçues dans le pays et précisément dans les préfectures de la région forestière guinéenne ; zone de coupe et de fabriques des produits. Les populations se plaignaient de la résorption de la forêt par les activités de l'industrie et donc de la migration ou de la disparition de la faune, souvent source de protéine. Pour mettre fin aux

---

[92] *Coopération sino-guinéenne-De l'aide bilatérale au partenariat public privé*, Aïssatou Diallo Bah, éditions Harmattan Guinée 2017, page 39-40.

multiples voix dissidentes, un arrêté ministériel du 30/10/2010 [93] interdisait l'exploitation forestière dans le pays.

Le second régime fut également riche en accords et en quelques actions de création de richesses dans le cadre des rapports sino-guinéens. Sauf qu'il est à déduire une baisse importante de la synergie autrefois qui caractérisait les rapports entre la République Populaire de Chine et la République de Guinée.

7. La transition de 2008-2010

Le 22 décembre 2008, le général Lansana conté, luttant longtemps contre sa maladie a fini par rendre l'âme. Mais avant la mort du vieux général, il a réalisé les atouts que puisse représenter la coopération sino-guinéenne. Le général président au soir de sa vie, était blasé de la coopération avec les pays occidentaux, qui constituait l'orientation dont son régime avait promu au lendemain de la prise de pouvoir en 1984. Il ne cessait de se plaindre des blancs qui pour lui étaient des « colons » obstinés à donner des ordres. Les journalistes et auteurs de la « Chinafrique », ont été rencontrer le président Guinéen dans sa résidence préférée, dans un environnement loin de la capitale bouillonnante de Conakry. Durant l'interview avec le président, celui-ci ne faisait pas preuve d'un grand intérêt pour l'interview dans un premier temps. Mais s'agissant des Chinois, il n'a pas manqué d'éloges et d'énergie à répondre aux journalistes. Il déclare tout excité : *« Les chinois sont incomparables ! S'est exclamé le président vieux général. Au moins, ils travaillent ! Ils vivent avec nous dans la boue. Il y en a qui cultivent, comme moi. Je leur ai confié une terre fatiguée, vous devriez voir ce qu'ils en ont fait ! »* [94]

La prise du pouvoir par la nouvelle junte militaire le CNDD (Conseil National pour la Démocratie et le Développement), a laissé quelques traces importantes dans la compréhension des rapports sino-guinéens. Malgré que cette transition n'ait duré que deux ans, cependant il y

---

[93] Ibid. page 41.

[94] Serge Michel et Michel Beuret, La Chinafrique, Editions Grasset et Fasquelle 2008Page 12.

ressort un élément important. L'histoire s'est passée le 09 octobre 2009[95] , la Guinée et la République Populaire de Chine signent un accord s'élevant jusqu'à 09 milliards de dollars. Cet accord signé entre le gouvernement guinéen et les groupes : China International Fund Limited (CIF) et la Sonangol, a eu lieu au lendemain d'un massacre récent dans le pays ; celui du 28 septembre 2009. Le pays endeuillé par la junte au pouvoir, dont le bilan humain est estimé jusqu'à 150 personnes, à côté, des cas de disparition et des viols de femmes. En effet, la Guinée était désormais un territoire de non-droit. Les autorités militaires sont accablées par les charges se résumant au crime contre l'humanité. Cependant, c'est durant cette période sensible et très critique pour la nouvelle autorité du pays, que se signe cet accord d'environ 09 milliards de dollars. Le présent accord comme toujours, portait sur les mines et exploitation éventuelle du pétrole en Guinée, d'où l'implication de la Sonangol (société pétrolière d'Angola). Comme expliquait le ministre guinéen des mines ; Mohamed Thiam à l'époque, selon l'article relayé par le Figaro (publié le 15/10/2009) : « *Le deal porte sur une durée de cinq années. Il est très simple et pourrait être totalement conclu avant la fin de l'année. La Guinée est l'un des pays dont les réserves naturelles sont les plus importantes du monde, et la Chine, l'un des pays qui ont le plus besoin de ressources.* [96]»

De cet accord du 09 septembre entre l'Etat Guinéen et la Chine,[97] y ressort plusieurs critiques faisant de la Chine un mauvais partenaire, à encourager les régimes peu regardants des droits de l'homme, et un soutien aux dictatures à travers le continent. Les observateurs africains et ailleurs dans le monde se sentissent offusqués par cet accord, qui intervient pendant que les autorités guinéennes venaient plutôt deux semaines de commettre, les crimes les plus odieux dans l'histoire du pays en une seule journée. Partout fusent les critiques, et les rapports sino-guinéens sont taxés de manquer à une certaine éthique. L'article de Figaro déclare l'absence d'une réaction auprès de l'autorité de pékin, par rapport à l'opération de la China International

---

[95] _Figaro, La Chine déverse ses milliards sur la Guinée. Crédit :
https://www.google.com/amp/s/amp.lefigaro.fr/conjoncture/2009/10/15/04016-20091015ARTFIG00010-la-chine-deverse-ses-milliards-sur-la-guinee-.php

[96] Ibid.

Fund en Guinée[98]. Cet accord de 2009, n'a finalement pas connu de grand succès, car la junte au pouvoir étant un régime d'exception est partie avec la quasi-totalité de ses accords, non pris en compte par le régime né des élections de 2010. Cependant, il faut admettre que cet épisode de 2009, apparaît tel un moment critique dans les rapports sino-guinéens. Entre absence d'éthique et soutien aux dictatures, les rapports sino-guinéens auraient illustré un parfait exemple des reproches qu'on formule assez souvent aux actions chinoises en Afrique.

8. Conclusion

Les liens qu'ont tissé la Guinée et la Chine durant le second régime ont été caractérisés par une relative timidité, cependant, les deux pays gardent leurs Relations contrairement à certains pays qui dissolvaient leurs relations avec la Chine dès qu'il y' a un changement à la tête du pouvoir. Au lendemain des premiers moments dominés par l'idéologie, la Guinée et la Chine vont privilégier les échanges commerciaux. En effet, jusqu'en 2007-2008, la Chine demeurait le second partenaire commercial de la Guinée, derrière la France. En 2009, La coopération sino-guinéenne s'avérait en Afrique sub-saharienne comme la seule coopération, capable de témoigner un demi-siècle d'expérience d'échanges fructueux avec la Chine. Par contre, l'accord de 09 milliards en 2009, avec un régime controversé sur le plan international tout comme à l', a fait apparaître dans la coopération sino-africaine, l'une des vieilles accusations qui pèsent sur les Relations sino-africaines, celle de soutenir les dictatures ou les régimes peu crédibles et anti-démocratiques en Afrique.

---

[98] Figaro, La Chine déverse ses milliards sur la Guinée. Crédit :
https://www.google.com/amp/s/amp.lefigaro.fr/conjoncture/2009/10/15/04016-20091015ARTFIG00010-la-chine-deverse-ses-milliards-sur-la-guinee-.php

Chapitre III : Contenu du Paquet Global et les Récents Engagements Chinois en Guinée

1. INTRODUCTION

La Guinée après plusieurs tentatives d'obtention d'un accord-cadre, lui permettant de troquer ces minerais contre des investissements de grandes envergures, notamment dans les infrastructures du pays, a finalement décroché le 05 septembre 2017, un accord-cadre avec la Chine. Selon les explications du Docteur Ousmane Kaba, conseillé du président de la République à l'époque et chargé des affaires chinoises, cet accord est unique dans l'histoire de la Guinée depuis son indépendance. Mais avant, il a lieu suite à l'échec d'un premier paquet global s'élevant jusqu'à 23 milliards de dollars. Celui-ci mettait en avant le minerai du fer dont le pays possède la plus grande réserve mondiale. Cependant, cette première tentative ne s'est concrétisée comme le soutenait le principal négociant guinéen ; Dr Ousmane Kaba : « *Nous aurions pu avoir un accord beaucoup plus important avec des conditions beaucoup plus claires. La Chine nous avait demandé de leur donner les minerais de fer en contrepartie, elle est prête à avancer 23 milliards de dollars US sur un accord beaucoup plus précis. Malheureusement nous n'avions pas été écoutés à l'époque.* »[99] Quoique le second paquet global soit inférieur en valeur monétaire, en tant que prêts que la République Populaire de Chine promet d'accorder à la Guinée, tout de même, il faut encore reconnaître que le pays n'avait jamais signé un accord dont les intentions de prêts s'élèvent jusqu'à 20 milliards de dollars. Que signifie-t-il cet accord cadre du 05 septembre 2017 entre la Guinée et la Chine ? Quels sont les différents projets ou secteurs prioritaires pour les prochains financements Chinois ? Quels sont les impacts déjà observables à la fois pour la Guinée et la Chine ? Enfin quels sont les risques à éviter dans la réussite continue de ces nouvelles opérations ? Entre espoir et inquiétude, les observateurs restent largement partagés. Cependant, il faut avouer que la nouvelle de cet accord dans le pays a eu plutôt un grand écho d'espoir à travers les villes et villages. Les citoyens guinéens regagnent l'espoir d'un développement proche de leur pays. Les Infrastructures envisagées par

---

[99] Ousmane Kaba espère que ces investissements se ferontPublié par Chine Magazine | Sep 11, 2017 | Afrique, MONDE crédit : **https://www.chine-magazine.com/ousmane-kaba-espere-investissements-se-feront/**

l'accord entraineront une amélioration des conditions de vie des populations dans leurs différents besoins.

1.1.L'accord-cadre du 05 septembre 2017

L'accord cadre de 05 septembre 2017, est une intention de financement de projets prioritaires sélectionnés par les autorités guinéennes, que la République Populaire de Chine s'engage à financer sur 20 ans. Entre 2017-2036, la Guinée devra alors bénéficier de prêts de l'Etat chinois afin de construire les infrastructures notamment dans le transport, l'agriculture et l'énergie. Ces trois secteurs sont priorisés par les autorités du pays, car ils sont perçus capables de servir de base pour le développement. Ces trois secteurs sont en réalité indispensables à tout développement, et la Guinée éprouvant de réels besoins en infrastructures ne fait pas exception à cette règle. En contrepartie de ces prêts de 20 milliards de dollars, la Guinée devra faciliter l'accès aux matières premières du pays aux entreprises chinoises. Il convient d'abord de rappeler que 4/5 [100] des investissements de la Chine dans le pays sont orientés vers les entreprises extractives. Dans une allocution, le président de la République, le Pr Alpha Condé élogieux sur le nouvel accord avec la Chine, explique avec un schéma simple. Il déclare que l'accord est « *mines contre le financement de projets d'infrastructures* [101] ». Pour corroborer la prééminence des ressources minières dans ces nouveaux engagements chinois dans le pays, on peut ainsi comprendre de la déclaration du vice-président de la commission chargée de la réforme et du Développement de la Chine dire : « *l'objet de ma visite est de promouvoir les relations de coopération entre la Guinée et la Chine dans le domaine économique et particulièrement le secteur minier.* » [102]

A ce jour la bauxite semble occupée la première place, en tant que besoin de la Chine en Guinée. Il faut dire sans détour que la Guinée intègre la stratégie globale de la République Populaire de Chine en tant que grand fournisseur de la bauxite. Quatre sociétés exploitent la

---

[100] *Coopération sino-guinéenne-De l'aide bilatérale au partenariat public privé,* Aïssatou Diallo Bah, éditions Harmattan Guinée 2017, page 76.

[101] http://www.anouslaguinee.com/actualite/le-president-conde-qualifie-d-exceptionnel-l-accord-minier-signe-avec-la-chine.html

[102] *Coopération sino-guinéenne-De l'aide bilatérale au partenariat public privé,* Aïssatou Diallo Bah, éditions Harmattan Guinée 2017, page 48.

bauxite dans le pays, à savoir : China Power Investment (CPI) à Boffa ; Henan Chine à Boké ; le consortium Société Minière de Boké (SMB) à Boké également ; et enfin Bel Air Mining (Boffa). Grace à leurs productions, le pays s'est hissé au troisième rang mondial en tant que grand producteur de la Bauxite avec 14,42% des productions mondiales devant le Brésil à 13%. Mais il reste encore derrière la Chine avec 20,52% et l'Australie 29,66%. A côté, il ne faut pas ignorer le minerai de fer, car dans le massif de Simandou les Compagnies Chinoises sont également présentes, où elles cumulent 47% de part d'exploitation. Puis que les mines conditionnent les prêts chinois, en effet, voyons quels sont les différents secteurs où seront destinés ces prêts. Il s'agit d'offrir une explication détaillée du paquet global.

2. Analyse du paquet global

Le paquet global est l'ensemble des projets recensés par l'Etat guinéen, qui seront soumis aux investissements chinois, durant le délai des vingt ans prévus (2017-2036). Ces nombreux projets couvrent principalement trois secteurs : agriculture, énergie et hydraulique et le transport. Dans cette présente section, l'objectif sera de détailler par secteur les différents projets concernés par les éventuels investissements chinois en Guinée. Toutefois, il faut encore rappeler que ce paquet global n'est pas figé et peut changer selon les besoins du temps.

Tableau 6 Paquet global

N°	PRIORITÉS PROJETS	MONTANTS USD	ZONES	SECTEURS	
1	Réhabilitation et appui à la mise en valeur de 10.000ha et réalisation des infrastructures d'accès aux marchés	30.000.000	Les 4 Régions Naturelles	Agriculture	
2	Adjonction d'une capacité de production thermique d'une puissance de 42MW*3	200.000.000	Manéah	Energie Hydraulique	et
3	Réalisation d 10 mini et microcentrales d'une puissance de 1 MW à 20 MW	200.000.000	Les 4 Régions Naturelles	Energie Hydraulique	et
4	Construction d'un aéroport international qui sera relié à la ville de Conakry par une autoroute de 50 KM	275.000.000	Maféréya	Transports	
5	Construction des 40 premiers km du chemin de Conakry-Kankan	60.000.000	Conakry-Kagbelen	Transports	
6	Construction d'une autoroute Conakry Mamou de 266KM	290.000.000	Conakry-Mamou	Transports	
7	2-Réalisation de l'aménagement hydroélectrique de Souapiti sur le Konkouré y compris l'impact environnement et social	1.300.000.000	Konkouré	Energie Hydraulique	et
8	Construction des 622km du chemin de fer Conakry-Kankan et son	960.000.000	Dorsale Guinéenne	Transports	

	interconnexion avec les chemins de fer de la sous-région			
9	Aménagement hydro-agricole et appui à la mise en valeur de 81.648ha et réalisation d'infrastructures d'accès aux marchés agricoles	524.527.630	Les 4 régions Naturelles	Agriculture
10	Aménagement avec maitrise totale de l'eau et mise en valeur de 241.648ha	646.923.280	Les 4 Régions Naturelles	Agriculture
11	3-Infrastructure d'accès aux marchés agricoles	469.502.103	Les Régions Naturelles	Agriculture
12	Aménagement hydroélectrique de Amaria, Morissanko,Diaoyah et Gozoguéza	2.500.000.000	Les 4 Régions Naturelles	Energie et Hydraulique
13	Construction de 2934km d'autoroute	3.510.000.000	Les 4 régions Naturelles	Transports
14	4-Réalisation de trois (3) ports en eau profonde	6.000.000.000	Forécariah, Boffa et Boké	Transports
15	Construction de 1938 km de chemin de fer	4.000.000		Transports
16	**Total**	20.965.953.013		

Source : *journal de l'économie guinéenne*, n°24/25, hors-série Coopération Chine Guinée. Tiré dans : Coopération sino-guinéenne. De l'aide bilatérale au partenariat public-privé, Aïssatou Diallo Bah, L'harmattan Guinée 2017, Annexe.

2.1. Secteur Agricole

Le potentiel agricole de la République de Guinée est fort considérable, la superficie de terres cultivables dans le pays s'élève jusqu'à 7 millions d'hectares. L'agriculture associée à l'élevage et à d'autres activités forestières, bref le secteur primaire cumulent plus de 70%[103] de la production active. La situation géographique du pays allant des cotes à l'intérieur du continent, lui baigne dans une diversité climatique remarquable. La mousson en basse Guinée, le climat Foutanien sous influence des massifs, le climat soudanais dominé par les basses altitudes et le climat subéquatorial dominé par des forêts primaires, permettent la culture de toute une variété de produits. On peut en effet cultiver en toute saison, et les produits se distinguent des céréales aux cultures maraichères, et sans oublier des tubercules. Le riz représente l'alimentation de base des guinéens, car il est cultivé dans toutes les quatre régions du pays. A coté de cette alimentation de base, on y trouve le maïs, le sorgho, le fonio... L'arachide est assez cultivée car elle rentre dans plusieurs recettes culinaires assez prisées. Les tubercules tel l'igame, le taro, la patate et le manioc y sont cultivés et contribuent à la diversification alimentaire. Quant aux cultures maraichères, les légumes : courgettes, aubergines, piments, tomates... sont récoltés en toute saison notamment dans les bas-fonds. Depuis l'indépendance, les différentes politiques adoptées par le pays, de la collectivisation à la libéralisation du secteur, n'ont pas favorisé un grand succès. Le pays demeure dépendant des importations. « *Consommons ce que nous produisons, et produisons ce que nous consommons* », est longtemps resté un slogan politique, qui a du mal à se concrétiser sur le terrain. L'expérience à montrer que le secteur agricole est en perpétuelle régression dans le pays, depuis cinquante ans et sa dépendance extérieure s'est accrue simultanément. On se souvient encore que le premier don de la République Populaire de Chine à la Guinée, fut 5000 tonnes de riz le 20 juin 1959. Un facteur qui dénote également la dépendance alimentaire du pays. Avant l'indépendance jusqu'aux années 2000, on peut lire ce constat : « *62% en 1971, 46% en 1988 et moins de 20% actuellement. Sa part dans les exportations est tombée de plus de 90% en 1958 à 7% de nos jours.* »[104]

---

[103] http://afriquepluriel.ruwenzori.net/agriculture-a.htm

[104] Afrique Histoire, Economie, Politique (1998-2001) : L'Agriculture en Guinée à l'aube de l'an 2000. Crédit : http://afriquepluriel.ruwenzori.net/agriculture-a.htm

Les méthodes agricoles essentiellement caractérisées par les pratiques traditionnelles, des pratiques séculières, sont impossibles d'assurer l'autosuffisance dans le pays. L'agriculture extensive, avec les moyens rudimentaires, est pratiquée par des paysans analphabètes, ignorants de toute technique agronomique. Le ministère de l'Agriculture, de l'Elevage, de l'environnement et des Eaux et Forêts, a publié en 2015, un document intitulé : « *Politique Nationale de développement agricole vision 2015- volume III, plan d'action* » dans lequel sont fixés certains objectifs pour élever les défis. Le document[105] est composé de neuf programmes allant de l'amélioration de la productivité des cultures vivrières à l'identification et le renforcement d'un système de financement. En effet, il faut dire, que dans le cadre de l'accord cadre de 2017, la Guinée a bénéficié d'une garantie de financement des différents secteurs, notamment le secteur agricole.

Le tableau portant sur le paquet global, on totalise jusqu'à quatre financements que bénéficiera le secteur agricole. Le premier financement sur la réhabilitation et appui à la mise en valeur de 10.000 hectares et la réalisation d'accès aux marchés dans les quatre régions du pays. Le coût est évalué à 30 millions de dollars américain. Le second financement s'élève à plus de 524 millions de dollars américain. Il porte sur l'aménagement de plus de 80000 hectares et la construction des pistes d'accès aux marchés, réparties également entre les quatre régions du pays. Le troisième est le plus important en termes de son coût de financement estimé à 646 millions dollars US. Il s'agit là de la maitrise de l'eau, notamment son irrigation et sa conservation mais aussi la réhabilitation de pistes rurales. Le pays considéré comme le « *château d'eau de l'Afrique de l'ouest* », comprend deux grands bassins hydrographiques : Foutanien et soudanais. La plupart des fleuves qui desservent les pays de la sous-région prennent leurs sources en Guinée, les fleuves du Sénégal, de la Gambie et du Niger prennent tous leurs sources dans les bassins Foutaniens et Soudanais. Enfin, le quatrième et le dernier financement est exclusivement réservé aux infrastructures pour lier les zones de production aux marchés. Le coût s'élève à 460 millions de dollars US, réparties dans les quatre régions naturelles. L'un des grands défis dans les milieux ruraux en Guinée, est l'accès difficile des marchés. Cela est un facteur aggravateur de la pauvreté. « *Plus de la moitié de la population rurale vit en dessous du seuil de la pauvreté et près d'un guinéen sur quatre se trouve dans une*

---

[105] « Politique Nationale de développement agricole vision 2015- volume III, plan d'action », publié 2015 par le Le ministère de l'Agriculture, de l'Elevage, de l'environnement et des Eaux et Forêt. Crédit : http://hubrural.org/IMG/pdf/guinee_pnda_vision2015_vol3.pdf

situation d'extrême pauvreté en milieu rural. »[106]. Quant aux chiffres on estime 49,2% de pauvreté et 19% lié à l'extrême pauvreté. Ces grands financements futurs dans le secteur agricole, cumuleront plus d'un milliard de dollars US (1116425383USD), chose première en Guinée. Les objectifs aideront bien-entendu à améliorer la productivité du pays, atteindre l'autosuffisance alimentaire, croître les exportations du pays en ressources agricoles. Sans doute, l'objectif est également de réduire la pauvreté dans les milieux ruraux. La construction des pistes qui s'inscrit dans le développement communautaire, aidera à insuffler de` nouvelles dynamiques à travers tout le pays.

2.2.Energie et Hydraulique

La fourniture en électricité et en eau a toujours été au cœur des différentes politiques publiques en République de Guinée, sauf que très malheureusement le pays reste fort marqué par les conséquences dues au manque de ces deux denrées. Le délestage ou le manque total d'électricité, rythme les activités économiques dans le pays. Entre l'intérieur du pays et les zones urbaines, le pourcentage des fournitures sont fortement à la baisse, 17% en zones urbaines et 3% en zones rurales[107]. L'Energie et l'Hydraulique s'illustrent en grands défis dans le pays. On soutient assez souvent que : « *L'Energie est pour une économie ce que représente l'oxygène pour l'organisme.* » En effet, il est nécessaire voire indispensable pour toute économie de placer les besoins énergétiques aux premiers rangs des priorités. L'énergie permet l'industrialisation ainsi donc la création de richesses, elle est gage de l'efficacité et de la célérité des services. Elle est un facteur qui soutient à la fois tous les secteurs de l'économie d'un pays, son abondance dans un pays donné, augmente le niveau d'attractivité de celui-ci à attirer plus de capitaux étrangers. La Guinée jusqu'en 2010, avait une production électrique estimée au regard des installations 100 MW, chose qui est largement inférieure sinon que dérisoire par rapport à la demande nationale. La nouvelle autorité a su comprendre la proverbiale déclaration qui se pose ainsi : « *Pas d'énergie pas d'industrialisation* ». Le défi sera dès lors pour celles-ci de

---

[106] « Politique Nationale de développement agricole vision 2015- volume III, plan d'action », publié 2015 par le Le ministère de l'Agriculture, de l'Elevage, de l'environnement et des Eaux et Forêt. Crédit : http://hubrural.org/IMG/pdf/guinee_pnda_vision2015_vol3.pdf

[107] https://www.madinamen.com/2018/09/28/electricite-en-guinee-le-casse-tete-de-tous-les-regimes/

multiplier la capacité de la production énergétique du pays. Puisque la nature a doté la Guinée de cours d'eaux, l'énergie hydraulique devient la meilleure des options. Les anciens projets de barrages hydrauliques sont alors revisités, afin d'une reconsidération. La potentialité énergétique des cours d'eaux du pays est évaluée à 6000MW, sans doute des cours d'eaux du pays devraient devenir la solution pour l'autosuffisance énergétique.

Depuis 2010, le pays à injecter dans le secteur de l'Energie plus de 3 milliards de dollars, un effort premier dans l'histoire du pays, et cela avec l'appui des entreprises chinoises. C'est là où la coopération sino-guinéenne à réaliser son plus grand succès durant ces huit dernières années. La Guinée a réalisé la construction de son tout premier plus grand barrage ; le barrage de Kaleta, avec l'appui chinois. Le projet fut financé à hauteur de 75%[108] par la Chine et le reste pris en charge par l'Etat guinéen, son coût de réalisation s'élevait à 440 millions de dollars et sa production électrique à 240MW. A ce jour, la capacité de production entre 2010 à ce jour, s'élève 100MW à 500MW pour atteindre un pourcentage de production électrique d'environ 35%. Le barrage Kaleta est un projet qui est en dehors de l'accord-cadre de septembre 2017. Sa réussite est un exploit historique car depuis bien avant les indépendances du pays en 1958, il était un projet stratégique et nécessaire pour l'indépendance énergétique. Mais il est demeuré non financé durant tous les régimes successifs depuis environ 60 ans. Son financement et sa mise en service en 2015, est un exploit national, le barrage fait désormais figure sur les billets de banque de 20mille francs guinéens. Tout le pays jubile et la desserve électrique dans la capitale Conakry s'est considérablement améliorée malgré que les besoins restent supérieurs. Pour les autorités, Kaleta est une victoire qui s'en félicitent devant les adversaires politiques. Dans le cadre des relations sino-guinéennes, il faut noter que le barrage Kaleta est devenu l'un des plus grands symboles de la réussite de ces échanges.

Concernant le paquet global, quatre projets d'Energie et Hydraulique seront financés durant les 20 prochaines années. D'abord le premier financement concerne l'Adjonction d'une capacité de production thermique d'une puissance de 42MW, financé à 200 millions de dollars dans la préfecture de Manéah. Ce projet rentre dans le cadre de la mise en valeur des potentialités thermiques dans le pays, le pays ne manque surtout pas de soleil dans les régions comme la Haute Guinée et dans la préfecture de Koundara, où les températures parfois peuvent avoisiner

---

[108] Belt and Road opens new path for Guinea, By Keita Moussa | chinadaily.com.cn (Updated: 2018-08-21) Crédit :
http://www.chinadaily.com.cn/a/201808/21/WS5b7b6117a310add14f386d13.html

à l'été 40°c. Le second financement qui est d'ailleurs effectif sur le terrain, est le barrage de Souapiti sur le fleuve Konkouré. Le projet est le plus grand financement ayant lieu dans le secteur de l'énergie dans le pays, soutenu à coût de 1.3 milliards de dollars US. Le chantier devrait finir en 2020 et aura une capacité de production électrique de 450MW[109]. Selon le ministre de l'Energie ; Mr Sylla, ce barrage est le plus grand barrage en Guinée et le sera pour toujours car il n'existe aucun site capable d'accueillir un barrage à une telle hauteur de capacité. Les enjeux du barrage Souapiti sont grands, car il donne l'espoir pour une électrification assurée de toute la capitale, en même temps permettre une future industrialisation du pays. Le barrage Souapiti est le plus grand chantier de la sous-région ouest africaine, il bénéficie de la visite de hauts responsables internationaux durant leurs séjours en Guinée. La toute récente visite de hautes personnalités africaine est le président Zimbabwéen ; Emerson Mnangagwa. L'objectif est de partager une vision africaine commune en matière de l'électrification du continent.

Le troisième financement, prévu dans le paquet global est, la réalisation de dix mini et microcentrales, compris entre 1MW à 20 MW à travers les quatre régions naturelles du pays. Leurs coûts sont estimés à 200 millions de dollars. Ces mini barrages intègrent l'objectif d'électrification des villes à l'intérieur du pays mais aussi de la plupart des zones rurales. Il s'agit de permettre l'installation de certaines Petites et Moyennes Entreprises (PME), spécialisées dans la transformation des productions locales. Quant au dernier financement, il concerne l'aménagement des sites : Amaria ; Morissanako ; Diaoyah et Gozoguéyah, situés à travers les quatre régions du pays. Le coût total de ces projets est évalué à 4 milliards de dollars américains. Dans ce lot de projets concernant le quatrième financement, on constate sur le terrain que la chronologie ou l'ordre établi dans le paquet global n'est pas forcement respecté. Car les financements et le démarrage des travaux ont lieu selon les besoins pressentis sur le terrain. C'est ainsi qu'on peut constater encore dans le cadre du quatrième financement comme prévu par le paquet global, le barrage Amaria. La cérémonie de sa première pose de pierre a été présidée par le président de la république ; le Prof Alpha Condé en janvier 2018. Il est fruit d'un accord entre la Guinée et la société Tebian Electric Apparatus stock (TBEA), l'objectif est de fournir de l'électricité à une industrie chinoise de la place et le reste sera vendu à l'Etat Guinéen.

---

[109] Aïssatou Diallo Bah, Coopération sino-guinéenne. De l'aide bilatérale au partenariat public-privé, Annexe, L'harmattan Guinée 2017。

Le projet Amaria est le dernier point de réalisation de barrage sur le fleuve Konkouré, sa capacité sera de 300MW et la durée de sa réalisation prendra 56 mois comme prévu[110]. La réalisation du barrage Amaria, associée aux deux précédents barrages à savoir Kaleta et Souapiti, élèvera le pourcentage d'électrification du pays jusqu'à 65%.

Le paquet global réserve une importante part des financements au secteur de l'énergie, celui-ci cumule plus de 4 milliards de dollars américains (4200000000USD) et représente le quart des financements. Selon les prévisions, la Guinée devra atteindre la sécurité énergétique et être en mesure d'exporter son électricité aux pays voisins. D'ailleurs un réseau d'interconnexion sous régionale est en train d'être mis en place. Outre l'aspect économique, l'interconnexion énergétique dans la sous-région démontre la réussite de la coopération entre les pays africains à affronter ensemble les défis électriques sur le continent. La faible attractivité du continent africain et la pauvreté généralisée sont en partie dues au manque énergétique. L'intervention de la coopération dans le secteur est fort salutaire et porteuse d'espoir. Encore une fois depuis 2010, la coopération sino-guinéenne s'est montrée beaucoup dynamique en matière énergétique. La République Populaire finance les grands projets de barrages hydrauliques dans le pays, en lui assurant la sécurité énergétique, chose qui a toujours été un défi pour le pays depuis son indépendance le 02 octobre 1958.

2.3.Transport

Le transport est l'ensemble des moyens de communication et des infrastructures servant à la connexion des différents pôles humains ou économiques. De cette définition, il sous-entend bien-entendu des moyens de communication, c'est-à-dire des bus ; voitures ; avions ; trains ; bateaux… Mais aussi des infrastructures notamment routes, aéroports et chemins de fer. Le développement du transport d'un pays est aussi une priorité. Les bienfaits du développement des réseaux routiers, des ports et des voies ferroviaires sont énormes, car ils permettent la célérité économique. Puis que le *« temps est de l'argent »*, le développement du transport permet de réduire le temps mis par les opérations et donc, de gagner en temps et en argent. Sur le plan politique, le développement du transport renforce l'intégrité territoriale d'un Etat donné.

---

[110] Présidence – Energie : La convention de concession du barrage Amaria signée. Crédit : https://www.guineenews.org/presidence-energie-la-convention-de-concession-du-barrage-amaria-signee/

Il permet de connecter les régions reculées aux centres de décision du pays et étend facilement rétablir l'autorité gouvernementale. Sur le plan social, le transport soude les différentes communautés, facilite les échanges entre les produits divers produits dans les milieux différents. Il facilite également le brassage culturel entre les populations de régions différentes, facteur qui renforce la nationalité et l'unité étatique. Les bienfaits du développement des transports sont structurels et embrassent tous les secteurs de la vie d'un Etat. En dehors de tous les enjeux du transport, il semble qu'aucun développement n'est possible sans un réseau efficace de connexion. Ainsi on entend souvent : « *le transport est pour une économie ce que représentent les vaisseaux sanguins pour un organisme* ».

Le complexe routier en Guinée ainsi que tous les autres réseaux du commerce, est d'un constat peu flatteur. Les infrastructures du pays sont à l'épreuve des précipitations pluvieuses, les régions entières sont coupées du reste du pays en saisons pluvieuses. Les régions les plus reculées, notamment la région forestière et la haute Guinée ressentent de grands besoins de désenclavement depuis l'indépendance. La Route Nationale 1 (RN1) allant de Conakry à Nzérékoré, Kankan et Labé, est l'œuvre d'un passé révolu et ce n'est pas pour rien il mérite le surnom : *la route de tous les dangers*. Ces pistes sont dégradées en entier et sont loin de répondre aux normes actuelles. Conséquence première est la stagnation économique ; les activités économiques entre les régions sont au ralenti et parfois arrêtées. Le bilan humain est stupéfiant, selon la tribune Afrique du 18/11/2018, entre 2013 et 2018, c'est-à-dire en cinq ans, les accidents routiers sont responsables de la mort de 21890 personnes. Ce bilan est pire que la maladie Ebola que le pays a connu entre 2013-2016 avait comme bilan 2536 morts[111]. La route tue en Guinée plus que les maladies endémiques, la responsabilité est diverse. Cependant l'état défectueux des réseaux routiers dans le pays représente la principale cause. A côté, il faut noter également, l'action citoyenne peu respectueuse des règles de la sécurité routière et du mauvais état des engins roulants.

Selon le site internet officiel de l'Etat guinéen, on évalue en total 43493 km de routes dans le pays, seules 30% sont bitumées et 54%[112] des routes sont jugées être en mauvais état. C'est ce

---

[111] Le Point International, Ebola : Fin de l'épidémie en Guinée. Crédit : https://www.lepoint.fr/monde/ebola-fin-de-l-epidemie-en-guinee-29-12-2015-2005851_24.php

[112] invest.gov.gn/page/transports-et-travaux-publics?onglet=presentation

qui ressort de l'état général du réseau routier en Guinée. Un seul aéroport international existe, celui de Conakry (Aéroport International de Gbessia). La voie maritime est peu fréquentée en Guinée malgré qu'elle enregistre parfois de drames écœurants. La traversée entre Conakry et l'île des Loos faisait parfois des morts avant l'introduction d'un bateau faisant au moins deux tours par jour. Quant à la voix ferroviaire, le chemin de fer Conakry, construit depuis la période coloniale a longtemps cessé de fonctionner, pire les rails n'existent plus. En 2010 un début des travaux a démarré timidement pour être arrêté plus tard. Le reste des voix ferroviaires sert au transport des minerais et de l'alumine. A Conakry se trouve un petit train urbain qui lie la banlieue au centre-ville Kaloum, mais qui est en perpétuel arrêt dû à une gestion peu appréciable. Bref, le transport en Guinée est d'un niveau assez faible, incapable de répondre aux besoins actuels. Doter le pays d'un réseau de transport assez fiable et développé est une urgence. Sinon le pays continuera encore à compter des morts et subir les tares économiques qu'entraine, le caractère défectueux des infrastructures et des moyens de transport. Le transport en un mot en Guinée est une priorité des priorités et le réseau routier ne mérite pas son nom.

C'est pourquoi les nouvelles autorités, au contact de la réalité ont accordé une grande place dans la réhabilitation ou la construction des axes inter-régionaux et des axes intra-urbains. Les cérémonies de délocalisation de l'indépendance nationale à l'intérieur du pays, ont vu le bitumage des routes dans certains centres urbains à l'intérieur du pays : Boké, Nzérékoré, Mamou, Kankan… L'actuel gouvernement a bénéficié de soutiens auprès de plusieurs partenaires à savoir : la Banque Africaine de Développement (BAD) ; Banque de l'Union Européenne (BUE) ; Banque Mondiale (BM) ; l'Agence Française de Développement (AFD) ; mais aussi par la République Populaire de Chine. Grace à ces soutiens, à l'orée de l'année 2019, le gouvernement a mené une vaste campagne de bitumage dans presque toutes les préfectures à l'intérieur du pays. Depuis 2010, une amélioration est tout de même à constater même si l'effort reste grand encore pour répondre aux besoins. On évalue jusqu'à 800 km de routes nationales bitumées dans le pays, le curage des fossés et les marquages des grands axes ont été possibles. A présent d'énormes chantiers de construction de route sont en cours. Les villes à l'intérieur du pays et les Route Nationale de Coyah à Dabola sur une distance de 367 km, sont des vastes chantiers routiers. Voyons à présent, ce que prévoit le paquet global en matière de transport.

Dans le cadre du paquet global, sept financements majeurs auront lieu, visant à faciliter les déplacements des personnes et leurs biens mais aussi des marchandises à travers le pays. Le premier financement comme indiqué dans le tableau N°1, il s'agit de la construction d'un aéroport international qui sera relié à la ville de Conakry par une autoroute de 50 km. Il sera réalisé avec un coût de 275 millions de dollars à Manéah. Le second financement est la construction des 40 premiers km de chemin de fer Conakry-Kankan, avec pour coût 60 millions. Ces premiers 4O km se limitera dans la haute banlieue de Conakry sinon à la sortie de la Capitale. La stratégie est d'abord de finir dans une première partie les travaux du chemin de fer, qui concernent essentiellement la capitale du pays, et qui s'avèrent comme l'étape la plus cruciale. Le troisième financement est la construction d'une autoroute Conakry-Mamou de 266 km avec un coût de 290 millions de dollars. Ce troisième financement est revisité car désormais Conakry- Coyah sont désormais liés par une autoroute, le projet devra alors partir de Coyah. Le projet s'étend de Coyah à Dabola sur une distance de 367 km avec un coût de financement de 357 millions d'euro, réalisé par la société China Rail-Bridge Corporation (CRBC). Les travaux financés à 75% par ICBC et Eximbank ont été lancés en Avril 2018 et seront exécutés sur plus de 30 semaines. Les promesses du responsable de la société chinoise en charge de l'exécution des travaux ont été strictes sur le respect. Cette route est la principale colonne vertébrale du pays, mais aussi une route internationale car elle permet de lier Conakry à Bamako. Le projet s'inscrit dans le cadre global du développement sous régional, par la connexion des différentes capitales de la région. Le quatrième financement, est la construction de 622 KM restants de la ligne du chemin de fer Conakry-Kankan et son interconnexion avec les chemins de fer de la région. Son coût de réalisation est estimé à 960 millions de dollars. Plusieurs décennies après l'arrêt du train de la ligne Conakry-Kankan, l'espoir renait avec l'accord sino-guinéen de septembre 2017.

Ensuite, le cinquième financement est la construction de 2934 km d'autoroute, à travers les quatre régions naturelles du pays. Le coût est évalué à 3.510 milliards de dollars, cette vaste construction d'autoroute dans les régions du pays, est une base manifeste de l'émergence du pays. Le sixième financement est la construction de trois ports en eau profonde sur les sites de : Forécariah, Boffa et Boké. Les coûts de réalisation s'élève à 6 milliards de dollars, ces trois ports modernes sur les côtes guinéennes, feront du pays une plaque incontournable dans le commerce maritime en Afrique de l'Ouest. Le pays saura alors exporter et importer les produits guinéens et d'autres pays continentaux de la région. Quant au septième et le dernier financement qui aura lieu dans le secteur de transport, il devra être un chemin de fer 1938 km de chemin de fer avec un coût de 4 milliards de dollars. Ce dernier manque assez de précisions, cependant il est évident que le Trans-guinéen est concerné. Le Trans-guinéen qui devra quitter de la région forestière aux cotes maritimes du pays, a toujours été un projet cher aux autorités guinéennes. Notamment dans le cadre des clauses sur l'exploitation du minerai du fer du pays dans le massif de Simandou. Sa réalisation sera l'accomplissement de plusieurs années de négociations et de patience du peuple de Guinée.

Le secteur de transport définit comme une priorité par l'Etat Guinéen, occupe un financement global qui s'élève à plus de 15 milliards de dollars(15095000000USD). Ce coût de financement accordé à ce seul secteur, fait du transport sans doute la priorité numéro un de l'Etat Guinéen. Cette importante place réservée au transport laisse déduire deux logiques. La première consiste à comprendre le besoin crucial en matière d'infrastructures de transports dans le pays, la vétusté des infrastructures existantes et voire l'inexistante totale en grande partie. La deuxième logique est l'engagement à doter le pays d'un réseau de transport assez suffisant pour faire absorber tous les besoins à la fois présents et futurs du pays. On peut dire que la Guinée compte sur le paquet global, destiné aux financements chinois, pour atteindre son émergence. Jamais le pays n'a conclu un accord prévoyant une somme aussi grande dans la construction des voies de transport, c'est un pari aux enjeux énormes pour le pays. Il est alors légitime le grand intérêt qu'éprouve l'ensemble de la population guinéenne, pour l'accord-cadre sino-guinéen du septembre 2017.

3. Conclusion

L'accord du 05 septembre 2017, est un accord cadre stratégique qui met au cœur, trois grands secteurs prioritaires pour le développement de la Guinée. Les 20 milliards promis par la Chine, seront destinés à réaliser les projets contenus dans le paquet global. Les secteurs : Agricole, Transport et Energie, sont les principaux visés. Une fois que les deux partenaires chinois et africains seront en mesure de respecter les différents engagements dans la plus grande éthique, les conséquences pour le développement seront énormes et salutaires. Les différents projets visés par l'accord de 05 juin 2017 ont une sociale notoire. Les populations seront directement touchées par différents projets notamment dans le domaine agricole, car environ 80% de la population guinéenne évolue dans le secteur agricole. Avec les projets de barrage d'électrification et de travaux publics dans le transport, c'est la condition de vie des citoyens à la base qui connaitra une nette amélioration et boostera leur productivité à l'échelle locale et nationale.

Chapitre IV : Discussion sur les Impacts et Risques liés aux Récents Engagements

1. Introduction

Depuis 1963, le pays exporte de la bauxite et transforme une partie en alumine. Mais cinquante ans se sont écoulés sans que les richesses ne servent au développement du pays. Les revenus générés par les exportations minières, sont l'objet de corruption, et de détournements. Il est évident que la part de l'exploitation des ressources minières et forestières représente dans le budget du pays, une importante source de revenus. Cependant elle souffrait d'une gestion jugée malsaine, les populations à la base ne profitent pas des ressources du pays. Jusqu'en 2010, le tableau qui peignait ce décor en Guinée, ressemblait à ceci : « *La Guinée produit chaque année 20 millions de tonnes de bauxite, de quoi fabriquer 300 milliards de cannettes de bière ou les châssis de 35 millions de voitures. Mais comme ce minerai est exporté sans être transformé, sans créer d'emploi, de valeur ajoutée, ni de revenus fiscaux significatifs, ses habitants n'ont pas les moyens d'acheter de la bière en cannette et surtout pas de voiture, pour lesquelles le pays n'a de toute façon que très peu de routes carrossables. Cette bauxite pourrait aussi produire 200 milliards de disques durs. Mais les Guinéens n'ont pas d'ordinateurs pour les loger ni d'électricité pour les faire tourner. A l'approche de leurs examens, les étudiants de Conakry passent toute la nuit à réviser sur le lointain parking de l'aéroport. C'est le seul endroit éclairé de la capitale.* [113]» Telle est la description la plus concise de l'évaluation de la situation socio-économique de la Guinée, durant plus d'un demi siècle d'exploitation de ses ressources minières, notamment la bauxite.

A partir 2010, l'axe de coopération sino-guinéenne, est privilégié par les autorités guinéennes, afin de relever les défis internes. La situation du pays en 2010 ressemble à un Etat en ruine, les infrastructures, les reformes sont à mettre en place mais il manque des bailleurs de fonds, des soutiens, bref il manque de l'argent. « *J'ai hérité d'un pays pas d'un Etat* »[114], dit il le nouveau

---

[113] Serge Michel et Miche Beuret, la Chinafrique, éditions Grasset et Fasquelle 2008, Page 23.

[114] Jeune Afrique (Economie et Finance) : Guinée – Alpha Condé : « J'ai hérité d'un pays sans État » (16 juillet 2012). Crédit : https://www.jeuneafrique.com/140763/politique/guin-e-alpha-cond-j-ai-h-rit-d-un-pays-sans-tat/

président installé à Sékoutouréyah, pour résumer la situation d'urgence en Guinée en 2010. C'est pourquoi de multiples échanges d'officiels ont eu lieu entre la Chine et la Guinée afin d'insuffler une nouvelle énergie dans le pays. A l'heure que beaucoup d'actions étaient posées ou entrain d'être posées sur le terrain dans le partenariat sino-guinéen, a vu jour l'accord cadre du 05 septembre 2017, portant sur le financement des projets dans le pays à hauteur de plus de 20 milliards de dollars[i]. Les espoirs quoique grands, laissent planer un certains doutes chez les citoyens ordinaires en majorité. Les implications de cet accord pour le pays dans le court ; moyen et long terme, ne présagent-elles pas un danger pour le pays ? Y-a-t-il un piège de la dette qui se prépare en Guinée ?

Tout d'abord, pour rassurer ses concitoyens, le conseiller du président de la République et chargé des négociations avec la Chine ; Dr Ousmane Kaba, un cadre très respecté aux vues de la population, n'hésite pas à rassurer en déclarant : « *Il faut dire premièrement en tant que professionnel de l'économie que c'est une bonne chose. C'est une bonne avancée dans la politique économique.*»[115] Une déclaration ayant eu lieu aux lendemains de l'accord de 05 septembre 2017. Aujourd'hui, après plus de huit ans d'exercice du troisième régime, marqué par un engagement croissant des sociétés chinoises dans tous les secteurs de vie du pays, on peut se permettre d'évaluer certains éléments. Ce chapitre du mémoire mettra au cœur à la fois l'impact du paquet global dans le pays, mais aussi d'autres interventions de la Chine ne rentrant pas en compte de ce paquet global. L'objectif est de comprendre les avantages que représente le paquet global dans le développement actuel du pays, en soutenant les bases d'une réelle émergence du pays. En même temps, il serait question de soulever les zones d'ombre sinon, des éléments de risques à éviter pour que ces engagements puissent avoir lieu comme escompté. Ces éléments de risque se situent du côté guinéen comme du côté chinois, ils aideront à préciser les responsabilités entre guinéens et chinois pour que les intentions de financements se concrétisent sur le terrain dans le délai de 20 ans prévus.

---

[115] https://www.chine-magazine.com/ousmane-kaba-espere-investissements-se-feront/

2. Impacts de récents investissements chinois

D'abord, il faut comprendre par enjeux, les effets ou encore les rôles joués par les actions nées dans le cadre de la coopération sino-chinoise depuis 2010 en Guinée. Dans un second, il s'agira de dégager aussi les avantages que représente les actions encours. La coopération sino-guinéenne comme il se déploie sur le terrain est multisectorielle.

2.1. Les impacts sur l'hôtellerie et l'immobilier

En dehors des secteurs visés par le paquet global, à savoir : le Transport ; l'Energie ; et 'Agriculture, le secteur de l'immobilier est de plus en plus important à ce jour. C'est en Février 2015 fut inaugurée la cité *Plaza Diamond*, construite sur un accord avec la China Dreal Group et le gouvernement guinéen, son coût de réalisation est de 8 milliards de dollars[116]. Comme le soutient Mme Bah Aïssatou Diallo, l'auteure de la « *Coopération Sino-Guinéenne* ». La réussite de cet accord dans son premier volet, est une parfaite réussite de la coopération sino-guinéenne en matière du Partenariat Public Privé (PPP). C'est aussi dire que la coopération des deux pays à évoluer d'un cadre Public-Public à un cadre Public-Privé. Ce changement dans les relations sino-guinéennes est évoqué par Mme Bah Aïssatou Diallo, comme le dénote son sous-titre de son livre : « *De l'aide bilatérale au partenariat public-privé* ». L'idée d'une « *nouvelle ville de Conakry* » dans le programme général de Conakry 2040, obéit également aux engagements des sociétés chinoises dans l'immobilier en Guinée. Mais aussi, elle traduit le développement du Partenariat Public-Privé. Dans ce cadre , existent plusieurs autres exemples notamment la construction de Primus Hôtel Kaloum, un hôtel de 5 étoiles de 18 étages, financé par les investisseurs chinois à hauteur de 55 millions de dollars.[117] Et Enfin, nous avons la toute nouvelle société immobilière WKG SA, qui en partenariat avec l'Etat guinéen a signé le 08 juillet 2011[118], la construction de deux tours de 25 étages. Le financement est partagé entre l'Etat ;25% et la Société 75%. Aujourd'hui, la construction est à son terme, et la capitale guinéenne intègre deux belles tours sur sa carte postale. Mais il convient de noter que les

---

[116] Aïssatou Diallo Bah, Coopération sino-guinéenne- De l'aide bilatérale au partenariat public- privé. L'harmattan Guinée 2017, Page 37.

[117] Ibid. Page 55.

[118] Aïssatou Diallo Bah, Coopération sino-guinéenne. De l'aide bilatérale au partenariat public-privé, Annexe, L'harmattan Guinée 2017, p79.

impacts de ces réalisations pour la grande majorité des citoyens, sont peu ou voire inexistants. Car les coûts des appartements compris entre 60 mille à 150 mille dollars, et des frais de passe d'hôtels chers, dépassent de loin le niveau de vie du citoyen guinéen.

Les engagements des sociétés chinoises en Guinée notamment la China Dreal Group, avec la construction effective de Plaza Diamond en 2015, fait preuve d'une grande réussite. Le projet Plaza Diamond est considéré étant le plus grand projet en termes d'urbanisation dans le pays, entre 08 à 12 milliards de dollars. Son financement prouve encore l'attractivité de l'économie nationale. Plaza Diamond, bâtit sur 20 hectares, avec des maisons totalement modernes, offrent une belle vue à la capitale de Guinée, et invite nombreux visiteurs qui viennent s'offrir des *selfies*. Le côté sombre de ces logements est lié à son coût assez élevé. Il est donc à croire que ces logements seront destinés à une classe assez restreinte, et qui ne souffre pas déjà du manque de logements. Le reste du plus grand nombre des guinéens n'aura qu'à se contenter des photos auprès des logements, et de la belle vue qu'elle offre à leur Capitale.

2.2. Impacts sur le plan minier et énergétique

Les implications dans l'exploitation minières sont aussi considérables, grâce aux engagements croissants de la Chine dans le secteur minier, le pays est devenu le troisième plus grand producteur de bauxite. Plusieurs sociétés Chinoises sont spécialisées dans l'exploitation de la bauxite guinéenne : Chinalco, Henan International et TBEA, China Power Investement Corps sans oublier le consortium SMB (Société Minière de Boké) et Chinalco (China Aluminium Company). L'exploitation des mines bauxite représente 12 à 15% [119]du PIB à ce jour une grande part dans le Produit Intérieur Brut (PIB), mais absorbe peu d'emplois, 3%[120] de la population active du pays. Les recettes de l'Etat, ont atteint 8 milliards de dollars en 2017. Le pays est désormais le troisième plus grand producteur de bauxite avec une production estimée à 60 millions de tonnes en 2018[121]. La seule SMB-Winning cumule une exploitation s'élevant à 42 millions de tonnes en 2018. La Guinée occupe désormais entre la deuxième et troisième

---

[119] https://perspectives-cblacp.eu/la-guinee-le-geant-de-la-bauxite/

[120] Jeune Afrique (Economie et Finance) : un investissement chinois de 2,89 milliards de dollars dans l'exploitation de la bauxite (03 janvier 2018). Crédit : https://www.jeuneafrique.com/507069/economie/guinee-un-investissement-chinois-de-289-milliards-de-dollars-dans-lexploitation-de-la-bauxite/

[121] Jeune Afrique, Guinée : le Grand boom de la bauxite. Crédit : https://www.jeuneafrique.com/mag/774595/economie/guinee-le-grand-boom-de-la-bauxite/

place parmi les plus grands producteurs de la bauxite : Australie (90 millions de tonnes) Chine (65 millions de tonnes) et la Guinée (60millions de tonnes).

Le minerai de bauxite est très répandu sur le territoire guinéen, on en trouve de la Basse-Guinée à la Haute Guinée. Cependant trois régions notamment : Fria, Kindia et Boké, situées dans la partie ouest du pays, c'est-à-dire la Basse Guinée, sont considérées riche et leurs sols regorgent les meilleures qualités de bauxite au monde. Surtout à Sangarédi dans la région de Boké, la teneur en aluminium atteint 60%, la teneur en silicium est inférieure à 1%, l'épaisseur moyenne de la couche de minerai est de 36 mètres, et la qualité et les conditions d'extraction sont les meilleures au monde. La figure ci-dessous, montre l'expansion du minerai de bauxite sur une bonne moitié de la Guinée.

Carte de distribution de la bauxite de Guinée

Figure 4 **distribution de la bauxite de Guinée**

Source : https://www.sohu.com/a/241078952_117959

Malgré que les mines absorbent peu d'emplois, 3% [122] de la population active du pays, cependant avec les objectifs de construction d'une usine de transformation de la bauxite en aluminium par les compagnies chinoises, ce sera encore plus de valeurs ajoutées pour l'économie du pays. Du statut d'un pourvoyeur du minerai brut la Guinée pourrait alors passer du statut de fournisseur de matière finie (Alumine et aluminium). La transformation du minerai brut en produit semi fini ou semi-fini s'avère incontestablement un gage d'emploi et ainsi de stabilité dans la région. Car selon les estimations plus de 70% des jeunes dans les régions où s'effectuent l'exploitation de la bauxite vivent dans le chômage.

Outre, dans l'énergie, l'implication des investissements Chinois ont été considérables. La Guinée qualifiée de « château d'eau d'Afrique Occidentale », est riche en cours d'eau. En effet le potentiel hydroélectrique disponible est estimé à 6000MW. En août 2011, China National Hydropower Corporation (China Hydropower Corporation), une filiale de China Three Gorges Corporation, a signé un contrat avec le gouvernement guinéen pour le projet hydroélectrique de Kaleta sur le fleuve Gambie, d'une capacité installée prévue de 240 mégawatt. La période de construction fut de 48 mois, la valeur du contrat est de 446 millions de dollars américains, conjointement financé par le gouvernement guinéen (25%) et la Chine à travers la Banque d'import-export de Chine (75%). En juin 2015, la centrale hydroélectrique de Kaleta a été achevée et mise en service comme prévu.

---

[122] Jeune Afrique (Economie et Finance) : un investissement chinois de 2,89 milliards de dollars dans l'exploitation de la bauxite (03 janvier 2018). Crédit :
https://www.jeuneafrique.com/507069/economie/guinee-un-investissement-chinois-de-289-milliards-de-dollars-dans-lexploitation-de-la-bauxite/

Figure 5 Barrage de Kaleta

Source : 考拉矿业观察交流合作, Crédit : https://www.sohu.com/a/241078952_117959

Avant l'entrée des entreprises chinoises, il n'y avait qu'une seule centrale hydroélectrique en Guinée, les autres étaient des micro-barrages servant à alimenter les petites villes. La centrale hydroélectrique de Garafiri construite 1999, ne pouvait pas faire face à la demande. La capacité du barrage estimée 75 MW, représentait peu de pourcentage[123] dans le taux d'utilisation du pays. Après la Construction de Kaleta la même Société Chinoise ; China Hydropower a décroché la construction du barrage de Souapiti. Avec un délai contractuel de 58 mois, le barrage de souapiti sera plus grand que son prédécesseur Kaleta avec un coût de 1,4 milliards de dollars. Il est prévu pour une capacité de 450MW. A ce jour le barrage est réalisé à hauteur de 80%. La fin des travaux est maintenue à la fin de l'année 2020.

---

[123] https://www.sohu.com/a/241078952_117959

Figure 6 Barrage kaleta

Source : https://tractebel-engie.fr/fr/actualites/2019/souapiti-le-plus-grand-barrage-hydroelectrique-en-guinee

2.2. Impacts sociaux

Concernant le paquet global, la concrétisation des projets prévus assure sans doute au pays son émergence totale, ainsi la Guinée cessera d'être comptée dans la liste des pays pauvres de la planète. Comme mentionné dans le détail porté sur le paquet global, les trois secteurs prioritaires, sont avant tout, les bases de tout développement : Transport, Energie et Agriculture. Sur le plan agricole, il faut croire que la malédiction de la faim sera à jamais bannie en Guinée. La réalisation des plusieurs centaines de milliers d'hectares, les aménagements des points d'eau et la construction de nombreuses pistes rurales sont avant tout un gage de développement durable. D'abord, les populations rurales verront améliorer leurs conditions de travail, elles pourraient également accéder facilement aux marchés. Cela insufflera une dynamique dans les villes à l'intérieur, les villages et limitera l'exode rural ainsi que ses effets néfastes. Le pays n'aura plus besoin de recettes pour importer certaines denrées alimentaires notamment le riz, ceci sera un manque à gagner pour l'économie du pays, et qui sera investi dans d'autres secteurs. A l'inverse, le pays pourrait devenir un grand exportateur de produits agricoles et pourrait devenir du « *grenier de l'Afrique de l'ouest* ». Les aménagements des points d'eau permettront une agriculture permanente sur les douze mois de l'année. Une agriculture développée assure une alimentation saine et équilibrée, et indirectement réduirait les conséquences liées à la sous-alimentation, notamment des maladies de carences. Une population bien nourrie est apte, entreprenante et innovante.

Ensuite les implications dans le transport, sont à la fois un facteur de développement mais aussi un avantage stratégique pour la Guinée. Car désormais avec les interconnexions des chemins de fer du pays à d'autres pays, et les trois ports en eau profondes qui seront réalisés, la Guinée deviendra une plaque tournante des échanges commerciaux en Afrique de l'Ouest. Le pays deviendrait un carrefour où transiteront les marchandises pour facilement accéder aux marchés intérieurs, la République du Mali est l'exemple parfait de cet avantage. A l'intérieur du pays, les déplacements des personnes et leurs biens deviendront plus en plus faciles. En effet, les risques liés à l'insécurité routière[124] se verront nettement diminués. Les coupeurs de routes qui pullulent aux longs des routes nationales, profitent de la mauvaise qualité des routes pour faire régner la terreur durant le passage des voyageurs. Les accidents nombreux avec leurs bilans mortels macabres[125], aussi dus par un système de réseau routier inadapté aux normes actuelles mais aussi d'une vétusté extrême, se feront rares. Tous ces aléas se verront réduits ou presque vont disparaître par la réalisation des projets contenus dans le paquet global. Le flux rapide entre les zones de productions et les marchés contribuera à la création de nouvelles activités économiques, des sociétés de transports peuvent se multiplier, le tout pour absorber la masse des chômeurs. Plus de la moitié des Guinéens sont des jeunes, cette jeunesse a ardemment besoin du travail, afin de les sauver de l'émigration et du grand banditisme. Le président Guinéen n'hésite pas à montrer son inquiétude vis-à-vis du chômage galopant de la jeunesse africaine. Dans une de ses allocutions, il prévient : « *Si nous ne donnons pas du travail à ces jeunes, ils constituent une bombe... *».[126] L'un des plus grands avantages du paquet global en

---

124

[125] La Tribune Afrique, Sécurité routière : En Guinée, les routes continuent de faire des victimes (18/11/2018). Crédit : https://afrique.latribune.fr/politique/politique-publique/2018-11-18/securite-routiere-en-guinee-les-routes-continuent-de-faire-des-victimes-797862.html

[126] RFI, « Alpha Condé: on doit «donner du travail à la jeunesse africaine», par Frédéric Garat (29 novembre 2017). Créedit : http://www.rfi.fr/emission/20171129-alpha-conde-probleme-entre-jeunesse-africaine-dirigeants

Guinée est la possibilité de création de millions d'emploi durant la construction des infrastructures et après leurs mises en place.

Environ 60 ans de l'établissement des rapports sino-africains, voici ce qui se présente à la Guinée comme un deal du siècle pour amorcer son développement tant attendu. Ce deal comme explique le président de la république de Guinée, ressemble à un troc[127] se reposant sur les matières premières du pays contre les infrastructures de développement. La Guinée, premier partenaire historique de la République Populaire de Chine en Afrique subsaharienne, dont son rôle est primordial dans l'émergence des rapports sino-africains, mais qui au bout d'une période de timidité dans ses relations avec celle-ci, est depuis 2010, devenue un grand partenaire stratégique de la Chine en Afrique.[128] Les investisseurs reviennent en Guinée, investissent dans le pays dans tous les secteurs : l'hôtellerie, l'immobilier, la construction, le commerce, l'exploitation minière, la communication… La présence Chinoise dans l'économie Guinéenne est largement perçue au sein de la population locale comme facteur heureux. Les chiffres sur le nombre de présence Chinoise dans le pays sont imprécis, cependant on estime de 6 à 7 mille chinois[129], à travers les secteurs de vie du pays. Vu ce grand engagement de la Chine en Guinée, n'existe-t-il pas de zones d'ombre, c'est-à-dire d'éléments qui ne seraient pas appréciables sur le terrain ? Sinon on peut s'interroger sur d'éventuels risques à éviter.

127

128 AïssatouDialloBah，中国与几内亚合作 - 从双边援助到公私合作, (Section3. Troisième République) 。 2017 年 Harmattan 几内亚，第 35 页

129 Aïssatou Diallo Bah, Coopération sino-guinéenne-De l'aide bilatérale au partenariat public privé, éditions Harmattan Guinée 2017, page 101.

3. Les impacts pour la Chine

3.1.Approvisionnement en bauxite

C'est essentiellement dans le secteur des mines que l'impact pour la Chine est majeur, notamment l'exploitation de la bauxite. La Guinée avec ses 7,4 milliards de tonnes[130], est sans doute devenue le carrefour des industries Chinoises exploitantes de la bauxite. Cela arrive dans un contexte, où la Chine connaît un besoin croissant pour l'alumine et donc la Bauxite. « *Environ 70 millions de tonnes de minerai de bauxite doivent être importées de l'étranger et sa dépendance à l'égard des pays étrangers sera maintenue entre 40% et 50% pendant une longue période.* »[131] Au delà de ce besoin croissant de la Chine, il faut aussi noter l'interdiction d'exportation de la bauxite de l'Indonésie pour quelques temps encore, la mauvaise qualité de la bauxite Chinoise ainsi que le coût élevé de son exploitation et enfin le besoin crucial des nouvelles autorités Guinéennes pour répondre aux demandes internes. Par conséquent, les compagnies Chinoises ont multiplié plusieurs accords pour aboutir aujourd'hui aux donnés fulgurantes, en terme des exportations de bauxite Guinéennes en Chine.

---

[130]潘昭帅 （Pan Zhaoshuai），张照志(Zhang Zhaozhi)，张泽南(Zhang Zenan)，封国权 (Feng Guoquan,)，曹晓森(F Cao Xiaosen : « *Analysis of the import source country of the bauxite in China* » (École des sciences et des ressources de la Terre, Université chinoise des géosciences (Pékin), Pékin 100083, Chine; 3. Centre mondial de recherche sur la stratégie des ressources minérales, Académie chinoise des sciences géologiques, Pékin 100037, Chine).

[131] Ibid.

国家	已探明储量	占比
几内亚	74	26.43%
澳大利亚	62	22.14%
巴西	26	9.29%
越南	21	7.50%
牙买加	20	7.14%
印尼	10	3.57%
中国	9.8	3.50%
圭亚那	8.5	3.04%
印度	5.9	2.11%
苏里南	5.8	2.07%
沙特	2.1	0.75%
俄罗斯	2	0.71%
哈萨克斯坦	1.6	0.57%
希腊	1.3	0.46%
马来西亚	1.1	0.39%
美国	0.2	0.07%
其他国家	28.7	10.25%
全球总共	280	100.00%

Figure7 Répartition Mondiale des réserves de bauxite

Source : Huang He, « *Analysis on the bauxite resources and investment advices in Guinea* », (Guiyang Aluminum & Magnesium Design and Research Institute Co.,Ltd, Guiyang 550081,China), (2017)10-0022-4.

En effet, cette partie offre l''opportunité de défendre une situation gagnant-gagnant dans le cadre de la coopération sino-guinéenne. D'abord, depuis toujours la Chine est le véritable client de la Guinée. Plus de 85% des exportations du pays de produits commerciaux sont destinées à la République populaire de Chine. Pendant longtemps, les principaux produits de la République de Guinée ont été : le bois ; le caoutchouc brut ; le poisson ; les crustacés ; les peaux et fourrures d'animaux ; le métal noir ...

En outre, depuis quelques temps , c'est autour de la bauxite de prendre une grande part dans les échanges, lorsqu'on sait que celle-ci représentait moins de 5% [132] dans les échanges des deux

---

[132] 潘昭帅 (Pan Zhaoshuai)，张照志(Zhang Zhaozhi)，张泽南(Zhang Zenan)，封国权 (Feng Guoquan,)，曹晓森(F Cao Xiaosen : « *Analysis of the import source country of the*

pays. A ce jour, l'économie Chinoise connait une forte demande d'alumine et ses importations Guinéennes de la bauxite ont augmenté de 40%. Comme le Conseillait Huan He dans son article : « *Analysis on the bauxite resources and investment advices in Guinea* », la Guinée est un partenaire « clé » pour la Chine afin de satisfaire sa demande en bauxite. Le sous- sol guinéenne regorge plus de 26% des réserves mondiales de bauxite, qui est l'unique mine indispensable pour obtenir l'alumine. Ainsi, la participation de nombreux compagnies chinoises spécialisées dans l'extraction de bauxite, a considérablement augmenté la production de bauxite en Guinée. Selon les statistiques de 2017, la production de la Guinée a dépassé 42 millions de tonnes, ce qui en fait le troisième plus grand producteur de bauxite, devant le Brésil et derrière l'Australie et la Chine. Selon les prévisions, la Guinée pourrait produire 60 millions de tonnes d'ici 2020, dépassant la Chine et devenant le deuxième plus grand producteur après l'Australie. C'est ce qui fit en 2019 car le pays à produit 60 millions de tonnes de bauxite en 2018.[133] La Chine étant la principale destinataire, peut ainsi satisfaire sa demande intérieure et espérer atteindre ses deux objectifs centenaires.

En plus de la stratégie d'approvisionnement de matières premières importantes à l'économie chinoise, les entreprises chinoises souhaitent également explorer de nouveaux horizons. L'accord entre le gouvernement de la Guinée et le groupe Chinois Dreal (une cérémonie d'inauguration au Diamond Plaza en février 2015) a mis en exergue le processus d'exploration d'un nouveau cadre de coopération. Les partenariats publics-privés ont permis aux entreprises chinoises d'explorer le nouveau marché Guinéen. Plusieurs entreprises chinoises sont impliquées dans plusieurs autres activités économiques en Guinée et ont acquis une longue expérience. On peut citer les secteurs comme : la télécommunication ; les travaux publics ; l'hôtellerie ; l'immobilier ; la pêche ; l'exploitation forestières ; le commerce etc. Ces entreprises font de profits et investissent en Guinée et rapatrient d'autres profits dans leur pays d'origine. En effet, en Guinée ces nombreuses sociétés créent de la richesse mais aussi des

---

bauxite in China » (École des sciences et des ressources de la Terre, Université chinoise des géosciences (Pékin), Pékin 100083, Chine; 3. Centre mondial de recherche sur la stratégie des ressources minérales, Académie chinoise des sciences géologiques, Pékin 100037, Chine).

[133] Jeune Afrique : Guinéen Grand Boom de la bauxite. Crédit : https://www.jeuneafrique.com/mag/774595/economie/guinee-le-grand-boom-de-la-bauxite/

emplois et en même temps contribuent au développement de leur pays en renvoyant une partie de leurs bénéfices.

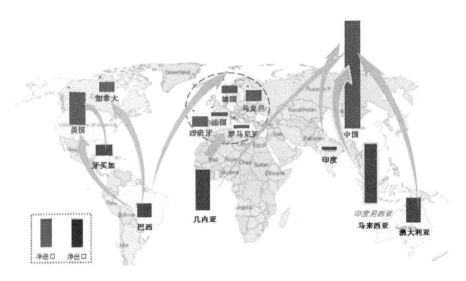

Figure 8 Grands pays exportateurs et importateurs de bauxite

Source : Source : Huang He, « *Analysis on the bauxite resources and investment advices in Guinea* », (Guiyang Aluminum & Magnesium Design and Research Institute Co.,Ltd, Guiyang 550081,China), (2017)10-0022-4.

Sur cette image, on distingue les pays exportateurs de la bauxite en vert et les pays importateurs en rouge . Les principaux pays exportateurs de la bauxite sont : l'Australie ; la Malaisie ; la Guinée ; le Brésil la Jamaïque et l'Inde. Les principaux pays importateurs sont : la Chine ; les Etats Unis ; le Canada et les pays de l'Union Européenne. Les destinations des productions de bauxite de chaque pays producteur sont tracées à l'aide des flèches capables de comprendre les pays destinataires. On peut comprendre que la Guinée fournit sa bauxite principalement à deux pôle : La Chine et l'Union Européenne. Cependant, il faut noter que la Chine est le plus grand client de la bauxite guinéenne assurant plus de 40% des ses importations.

3.2.Exploration du marché intérieur guinéen

104

Outre la stratégie de fourniture de matières premières importantes pour l'économie chinoise, les entreprises chinoises espèrent également ouvrir de nouveaux horizons. L'accord entre le gouvernement de la Guinée et le groupe chinois Dreal (la cérémonie d'inauguration au Diamond Plaza en février 2015) met en évidence le processus d'exploration d'un nouveau cadre de coopération. Les partenariats public-privé ont permis aux entreprises chinoises d'explorer les marchés de la Nouvelle-Guinée. Plusieurs entreprises chinoises ont participé à plusieurs autres activités économiques en Guinée et ont accumulé une riche expérience. Il s'agit notamment des industries telles que les télécommunications ; les travaux publics ; l'immobilier ; la pêche ; l'enregistrement que ces entreprises font de l'argent et investissent en Guinée et rapatrient d'autres bénéfices dans leur pays d'origine. En effet, en Guinée, ces nombreuses entreprises ont créé de la richesse et créé des opportunités d'emploi, tout en contribuant au développement du pays en reversant une partie des bénéfices.

En résumé, il faut dire que les impacts sont réciproques entre les partenaires Guinéens et Chinois. Et comme soulignait le président guinéen, le Pr Alpha Condé, la Chine est une chance pour la Guinée et inversement. C'est dire que la Chine pourra compter sur la Guinée pour son approvisionnement des matières premières stratégiques et la Guinée aussi pourra compter sur la Chine pour le financement de ses infrastructures de développement.

4. Risques à éviter

4.1.Eviter le scénario Angolais

L'opération humaine n'est pas sans doute exempte des fautes ou erreurs, celles-ci peuvent être délibérées parfois, il est alors du ressort gouvernemental d'observer une grande vigilance. Au regard de certains épisodes liés aux échecs de certains contrats entre la Chine et certains pays d'Afrique. Le scenario d'Angola ; un pays en proie à la corruption au lendemain de la guerre civile, est cité par les auteurs de « *la Chinafrique* », comme un cas illustratif de l'échec d'un accord entre Chinois et Africains. L'Angola est décrié auprès des institutions financières et par des pays occidentaux, en tête de liste, les Etats Unis qui accusent le pays de corruption. Selon le Fonds Monétaire international (FMI) « *un milliard de dollars au moins disparaît chaque année même de figurer dans le budget de l'Etat.* [134]» C'est dans cette situation inconfortable pour le pays qu'intervient la Chine en Angola le 28 novembre 2003[135] pour signer un accord stratégique avec l'Angola, l'accord se nommait : « *nouvelle coopération économique et commerciale* ». Environ 10 milliards [136] devraient être débloqués sur une longue période pour financer des infrastructures à travers l'Angola. Le pays en retour devra payer la dette à travers ses exportations pétrolières dirigées vers la Chine. Le scenario n'est pas assez différent du contexte Guinéen, car il s'agit de la formule : matières premières contre les infrastructures. L'Eximbank devrait financer le projet à partir de l'organe China International Fund (CIF) à partir de janvier 2006. Sauf que le CIF ne va pas remplir ses fonctions comme prévu, la plupart des financements n'a pas eu lieu et les projets ont été arrêtés. Les responsables se rejettent la faute entre côté chinois et coté angolais. Sur les 10 milliards de financement prévus, 3 milliards ont évaporé. La China International Fund, a sa réputation désormais souillée, on peut lire ces lignes : « *Le CIF est sans doute l'organe le plus mystérieux de tout le dispositif chinois en Afrique. Nulle part ailleurs qu'en Angola n'a été créé de holding semblable, enregistré à Hong-Kong, chargé d'un côté de chapeauter toutes les entreprises chinoises agissant en Angola avec l'argent des lignes de crédit de Pékin, et de l'autre recevoir le pétrole que livre l'Angola en remboursement des crédits. [...] Aucun nom de responsable n'apparaît sur le site les numéros de téléphone indiqués ne fonctionnent pas*[137]. »

Il faut dire clairement que le scénario Angolais est un épisode peu flatteur au regard des relations sino-africaines. L'histoire en Angola s'est terminée par un scandale, le ministère des Finances à finit par publier les chiffres pour la première fois depuis l'accord de novembre 2003, le 20 octobre 2007. Toutefois la corruption entachait les opérations entre la China International Fund et le Cabinet National de la Reconstruction (CNR). A côté de risques de corruption, il faut aussi souligner les possibles risques liés à l'environnement et aux conditions de travail des travailleurs locaux.

---

[134] Serge Michel et Michel Beuret, La Chinafrique-Pékin à la conquête du continent noir, Editions Grasset et Fasquelle 2008, page 287-288.

[135] Serge Michel et Michel Beuret, La Chinafrique-Pékin à la conquête du continent noir, Editions Grasset et Fasquelle 2008. Page 288

[136] Ibid. Page 289.

[137] Ibid. Page 305.

4.2.Prévenir la corruption

En Guinée, il est important de noter comme risque capable de nuire à l'accord sino-guinéen de 20 milliards de dollars, la corruption. La transparence dans les financements devrait prévaloir et la suivie des opérations d'achats des matériels doivent être de rigueur. La corruption en Guinée est un phénomène structurel existant contre lequel, l'Etat entend lutter. Le scénario d'Angola devrait être pris tel un exemple afin d'anticiper les risques liés aux mauvais agissements de certains responsables hautement placés. Il faut en effet de la rigueur, de l'honnêteté, et de l'éthique permettant de rassurer les bailleurs de fonds Chinois. Les investissements doivent être des opérations transparentes du côté guinéen mais aussi chinois. Il faut privilégier des meilleurs traitements des travailleurs sur les différents chantiers. Le travail devrait être un facteur de l'épanouissement de l'être et non un moyen de son asservissement. Durant la construction de Primus Hôtel Kaloum, de la construction du barrage Kaleta et de la cité moderne *Plaza Diamond* pour ne citer que ceux-ci, sont des projets qui ont uni les patrons chinois aux ouvriers guinéens. Les réalisations des différents chantiers ont été de grands succès dans le pays, et on peut saluer la collaboration entre les travailleurs chinois et guinéens. L'interposition des cadres nationaux ou locaux à créer une suite de sociétés qui sous-traitent, entrainerait parfois une mauvaise paie des travailleurs. Les travailleurs non liés par contrats, qui ne perçoivent que des sommes dérisoires, sont souvent à l'origine des mécontentements des populations locales. On peut ainsi entendre Gamy Joël ; président du collectif de travailleurs de CMD-Chine basée Télimélé : *« nous demandons à la compagnie de nous doter d'une eau propre à la consommation pendant les heures de travail. Aussi au lieu de nous donner des tickets, nous réclamons les casses croûtes. Le salaire est insignifiant, nous réclamons une augmentation de notre de100%... »*[138] ces corollaire d'une corruption déguisée sont difficile à saisir cependant leur éradication est plus que necessaire. Les plaintes des travailleurs doivent être prises en compte, car un ouvrier heureux est un excellent travailleur, sa joie et sa tristesse déterminent la réussite et l'échec des projets.

---

[138] https://www.google.com/amp/s/guineematin.com/2019/04/10/telimele-les-travailleurs-de-cdm-chine-en-greve/amp/

4.3.Destruction de l'environnement

Parmi les risques, la destruction de l'environnement et la pollution de l'air sont des problèmes à tenir compte. Les engagements récents dans la région de Boké, dans l'exploitation de la bauxite, laissent place aux critiques allant dans le sens de la dégradation de l'environnement à la la pollution de l'air. Plusieurs manifestations ont eu lieu au début de l'année 2019 dans les localités de Boké, parmi les plaintes les plus récurrentes, la destruction de l'écosystème est une des raisons majeures. Les populations se plaignent de la faible productivité de leurs cultures menacées par les poussières de la bauxite qui s'échappent des mines. Les rivières souillées et inutilisables à cause des résidus de bauxite, sont un facteur responsable d'une crise réelle d'approvisionnement en eau potable chez les populations riveraines. L'effondrement des maisons dû aux vibrations incessantes des engins est également recensé. La déforestation pour l'exploitation de nouveaux sites provoque également de la chaleur, les rayons solaires se sentent plus en plus forts et la temperature à l'ombre ne cesse de grimper. A côté de ces problèmes, il faut noter la circulation incessante des engins lourds transportant le minerai de bauxite, leurs bruits, les dégradations qu'ils causent aux voies de communication et les accidents qu'ils provoquent sont aussi décriés. Bref, l'environnement est un élément de risque à prendre en considération, afin de réduire les méfaits du changement climatique.

4.4. Piège de la dette

En dernier lieu, il s'agit du risque lié à un possible « *piège de la dette* ». La Guinée étant un petit pays dont le Produit Intérieur Brut, fait à peine 10 milliards de dollars en 2017. Dans l'accord stratégique avec la Chine, le pays devra se voire sur vingt ans, bénéficier un grand financement de 20 milliards de dollars, il devient incontestablement de s'interroger sur le sort d'un pays réduit sous le poids de sa dette publique extérieure. Des interrogations comme : La Guinée ne serait-elle pas écrasée par la dette ? Comment le pays saurait payer les prêts qu'il utilisera pour faire face aux priorités définies dans le paquet global ? La rassurance vient cette fois de l'actuel Premier ministre de Guinée, Dr Kassory Fofana, cité dans un article de presse de Jeune Afrique, à l'époque ministre chargés des Investissements et des Partenariats Publics-Privés, il déclarait : « *Les entreprises chinoises qui se verront attribuer des permis et des conventions minières aideront à rembourser ce grand programme de financement pour la*

Guinée[139] ». Il convient aussi de signaler que la « théorie *du piège de la dette chinoise* » est une critique largement avancée par les partenaires occidentaux notamment les américains ? une réponse chinoise tente à l'opposé de dépassionner le débat, comme le faisait comprendre l'ancien Ambassadeur de la Chine en Zambie ; Mr Yang Youming. L'ancien ambassadeur dans une lettre intitulée *« La vérité sur les problèmes d'endettement de l'Afrique »*, a répondu aux critiques qui soutiennent que la Chine est entrain de précipiter les pays africains dans une crise de la dette. L'ancien ambassadeur écrit : *« Les accusations de l'Amérique ne sont pas vraies du tout. La soi-disant « théorie du piège de la dette de la Chine » aux États-Unis et dans les pays occidentaux est non seulement déraisonnable, mais simplement incohérente. [...] Les prêts de la Chine à l'Afrique ont en effet augmenté au fil des ans, mais ne sont encore qu'une petite fraction des 26 %. J'ai regardé une vidéo du président kenyan Kenyatta interviewé par CNN et admiré la santé mentale et le calme du président Kenyatta. Lorsqu'un journaliste de CNN a interrogé Kenyatta sur le soi-disant « piège de la dette », il a dit à la hâte : « Nous empruntons de l'argent non seulement à la Chine, mais aussi aux États-Unis. » C'est comme une douceur, mais le sens est très simple et clair : vous avez dit que notre prêt de la Chine est un piège de la dette, puis les prêts des États-Unis n'est pas un piège de la dette ?! Cela me rappelle la situation en Amérique latine. Dans les années 1970 et 1980, l'Amérique latine a connu deux crises majeures de la dette, et les pays qui avaient connu la crise ont pris fin de façon terrible. »*[140]

Au regard de toutes ces assurances et les risques de corruption à éviter, on peut croire que l'accord de 20 milliards avec la Chine le 06 juin 2017, n'entrainera pas la Guinée dans « *un piège de la dette chinoise* ».

Selon le rapport de la Banque mondiale le 21 février 2020, le risque de la dette reste modéré[141] encore. On peut d'ailleurs souligner une régression de la part de la dette publique dans le produit

---

[139] Le passage du Dr Kassory Fofana (Actuel Premier ministre Guinéen) sur les antennes de la Radio Télévision Guinéenne (RTG), passage transcrit par Jeune Afrique.
Crédit :https://www.jeuneafrique.com/472655/economie/mines-la-chine-et-la-guinee-signent-un-accord-a-20-milliards-de-dollars/

[140]中非合作需要怎样的精神 (Ce dont la coopération Chine-Afrique a besoin). La vérité sur les problèmes d'endettement de l'Afrique par Yang Youming (ancien ambassadeur de Chine en Zambie), 1994-2019 China Academic Jounal Electronic Publishing House.

[141] La Banque Mondiale en Guinée- Vue d'ensemble. Crédit :
https://www.banquemondiale.org/fr/country/guinea/overview

intérieur brut (PIB) du pays. Entre 2017 et 2018 la dette publique totale rapportée au PIB a régressé de 39,6% à 37,6%. Si l'activité économique garde cet élan et que le secteur minier ne connaît une grande fluctuation dangereuse, la Guinée ne risquera pas « un piège de la dette chinoise » dans le cadre du financement stratégique de 20 milliards avec la Chine, comme le mentionnait le chargé aux investissements publics-privés à l'époque, aujourd'hui devenu Premier ministre et chef de Gouvernement : Dr Kassory Fofana.

5. Conclusion

Les massifs investissements Chinois en Guinée depuis 2010, laissent des impacts considérables dans tous les secteurs de la vie du pays. Cette nouvelle tendance est renforcée par la rentrée en vigueur de l'accord du 05 septembre 2017, qui a vu un premier investissement de 1milliard 200 millions de dollars. La Guinée est désormais un chantier ouvert où les travaux publics allant du développement des voix de communication urbaine et interurbaine à la construction des barrages hydroélectriques et l'amélioration des zones agricoles. Pour la Chine, la Guinée est une véritable aubaine dans son approvisionnement en matières premières stratégiques, indispensables pour son développement. Cependant, il y a tout de même des risques à éviter, liés à la corruption ; à la destruction de l'environnement et surtout à un piège de la dette. Ces facteurs sont de facteurs nuisibles dont il faut savoir éviter pour la satisfaction de tous les partenaires.

Chapitre V : Perspectives

1. Introduction

Aujourd'hui, après plusieurs décennies de coopérations entre l'Afrique et la Chine, les relations sino-africaines ont matérialisé une flopée de perspectives faisant de cette relation multilatérale, une des plus importantes au monde. Plusieurs espaces d'échanges entre les responsables politiques, économiques et financiers ont été mis en place pour les décisions et actions communes. Depuis 2000, la plateforme du FOCAC a commencé à réunir leaders africains et chinois à chaque trois ans, le dernier sommet en date a eu lieu du 03 au 04 septembre 2018. En 2005, le Conseil sino-africain des Affaires (CABC)[142], fut mis en place comme un nouvel instrument financier. Un fonds de développement sino-africain est devenu opérationnel en 2007. On peut également compter les sommets BRICS, ayant un des objectifs la contribution au développement des infrastructures en Afrique. Il faut dire que ces différentes dispositions sont nées dans les perspectives de multiplication d'espaces d'échanges entre leaders des pays en voie de développement et notamment entre la Chine et l'Afrique dans le but de coordonner davantage les actions.

En Guinée, sous plusieurs initiatives, les relations sino-guinéennes se sont considérablement diversifiées. Le partenariat public-public longtemps été la principale voie d'échange entre les deux pays, est aujourd'hui secondé par l'émergence des partenaires privés chinois en Guinée. L'Etat Guinéen depuis 2010, a signé plusieurs accords avec les entreprises chinoises. Les plus grands succès enregistrés dans le cadre du partenariat public-privé est la construction d'un complexe hôtelier de cinq étoiles ; Hôtel Kaloum, réalisé a un coût de 55 millions de dollars entièrement financé par GMC ; une société chinoise. A coté il faut noter la construction de Plaza Diamond, un complexe de logements de luxe destiné aux Guinéens de l'étranger, financé à hauteur de 8 milliards USD[143].

Il faut dire désormais, que les enjeux de la Coopération sino-guinéenne sont aujourd'hui énormes, et se comptent en plusieurs milliards de dollars. Le financement progressif sur 20 ans,

---

[142] China-Africa Business Council. Crédit ; http://en.cabc.org.cn/?c=abouts&a=francais

[143] Aïssatou Diallo Bah Coopération sino-guinéenne-De l'aide bilatérale au partenariat public privé, éditions Harmattan Guinée 2017, p37.

vingt milliards de dollars ; le volume considérable des capitaux privés chinois dans le pays ; la confiance et l'intérêt grandissants entre les partenaires ; l'émergence du secteur minier avec l'intervention des entreprises chinoises, sont entre autre des facteurs nécessitant des perspectives afin non seulement, de satisfaire tous les partenaires , mais aussi de pérenniser et les actions entreprises. Il est alors indispensable d'envisager de mesures à renforcer ; des initiatives capables de sauvegarder à la fois les engagements entrepris depuis 2010 tout en s'assurant à la concrétisation de toutes les promesses de financement. Les perspectives s'avèrent cruciales pour la satisfaction des Guinéens et Chinois.

2. Priorité à l'industrialisation

D'abord, il faut sauver les rapports sino-africains d'un simple troc de ressources minières contre les infrastructures. La Guinée aura besoin du maximum de valeur ajoutée afin de répondre aux futures demandes intérieures. La priorité doit être accordée à l'industrie permettant la transformation des matières premières sur place. C'est pourquoi il faut saluer l'accord entre la Guinée et la filiale de la Société Internationale Henan Chine (avec d'autres sociétés de la place). Cette compagnie a bénéficié l'exploitation des réserves bauxitiques dans la région de Boké dont le volume est estimé à 520 millions de tonnes, à exploiter sur 25 ans. « *Selon les termes de la convention, l'investissement prévu est de 7,6 milliards USD au cours de la première phase pour une production de 15mtp de bauxite dont 10mtp à l'exportation et 5mtp pour la transformation sur place.* [144]». La Société Minière de Boké (SMD), composée de cinq groupes forme un consortium, a signé le 26 novembre 2018[145] trois conventions avec les autorités guinéennes. Parmi ces trois conventions, la construction d'une raffinerie d'une capacité d'un million de tonnes par an. Le coût de la raffinerie est estimé entre 700 à 900 millions de dollars, sa construction comme prévu dans la première phase des 7,6 milliards de dollars de la concession, est une source de valeur ajoutée. Donc l'intérêt grandissant des groupes étrangers dans le pays

---

[144] Aïssatou Diallo Bah Coopération sino-guinéenne-De l'aide bilatérale au partenariat public privé, éditions Harmattan Guinée 2017, Page 47.

[145] https://www.jeuneafrique.com/672449/economie/guinee-smb-annonce-la-construction-dune-voie-ferree-et-dune-raffinerie-pour-trois-milliards-de-dollars/

notamment chinois pour les mines du pays, devra servir d'opportunité pour l'industrialisation du pays.

2.1.Coopération Industrielle `

La Guinée a avec la Chine, une longue histoire de coopération industrielle. Il a été démontré dans nos recherches que dès la première république guinéenne, la Chine a réalisé plusieurs unités industrielles, diversifiées dans plusieurs secteurs. C'est évident que ces industries étaient moyennes. Cependant, elles ont contribué à la qualification de la main d'œuvre locale. L'usine d'allumettes et de Tabac (ENTA) ; l'usine de thé de Macenta ; la briqueterie de Kankan ; Huilerie de Dabola et l'Usine d'outillage agricole de Mamou (USOA) [146]. A travers ces premières unités industrielles, des milliers de travailleurs guinéens ont appris les connaissances de base nécessaires dans le fonctionnement d'une usine. Ces unités étaient non seulement des espaces de production mais aussi d'apprentissage. Aujourd'hui, il faut encourager l'implantation des entreprises à vocation industrielle. La Chine autrement appelée « l'usine du monde » [147] peut être un excellent partenaire. Pour le moment, il est remarquable dans la convention de l'investissement de Société Minière de Boké (SMB), qu 'il est prévu la construction d'une seconde usine d'alumine. L'implantation de cette seconde unité de production d'alumine, donnera du travail à un grand nombre de guinéens et contribuera à leur formation et à la création de la plus value.

2.2.Coopération Agro-Industrielle

La Guinée est un pays potentiellement agricole, le pays regorge plus de 6 milliards de terres agricoles. La population est majoritairement agricole, environ 80% de la population a pour principale activité l'agriculture. Cependant, cette agriculture n'arrive pas à nourrir la population guinéenne. L'autosuffisance alimentaire est encore loin d'être atteinte. La principale raison est que le secteur agricole demeure influencé par les pratiques traditionnelles :

---

[146] Aissatou Diallo Bah, Coopération sino-guinéenne-De l'aide bilatérale au partenariat public privé, éditions Harmattan Guinée 2017, p42.

[147] Pierre Picquart, l'Empire chinois- Mieux vaut comprendre le futur numéro 1 mondial : histoire et actualité de la diaspora chinois, Ed Favre SA 2004, pages 23.

l'agriculture sur brulis ; absence de meilleures semences et de sélection naturelle ; manque d'engrais ; et d'engins motorisés. Les différents projets développés dans le paquet global, donnent une priorité à l'Agriculture. La Guinée a beaucoup à apprendre à coté de la Chine dans le domaine agricole. La Chine a longtemps été une civilisation agricole et a réussi depuis les années 70, de développer sa production agricole et moderniser le secteur[148]. Le complexe agro-industriel sino-guinéen établi à Koba depuis 1976, a servi de lieu d'apprentissage de 696 travailleurs[149]dans un premier temps. Aujourd'hui devenu Siguicoda, la production du sucre n'est plus à l'ordre du jour. Cependant, il est possible de relancer la filière de production du sucre, qui sera un espace de transfert des compétences. Les Guinéens pourraient apprendre de nouvelles techniques agricoles capables d'économiser le temps mais avec de rendements considérables. La culture sous serre est une filière prometteuse en Guinée capable de générer un grand revenu. L'appui de la Chine dans l'agro-industrie à travers les partenaires publics ou privés est une aubaine afin d'exploiter le potentiel agricole guinéen.

3. Renforcer le transfert de compétences

La diversification des investissements Chinois dans le pays, doit être au cœur du renforcement des compétences locales. Il faudrait appuyer sur le transfert des compétences. Comment élever le niveau des cadres et ouvriers guinéens au sein des projets et des unités d'exploitation, auprès de leurs homologues chinois ? Ceci exige l'implication des universités et des écoles processionnelles, en promouvant le stage des étudiants dans les différents sites d'activités. L'instauration des cours plus spécifiques dans les centres de formations, par exemple chaque projet ou chaque unité d'exploitation devrait établir des partenariats avec les institutions de formation dans le pays. La formation des ressources humaines est un facteur qui mérite d'être concilié aux engagements chinois dans le pays. Elle est la clé du transfert de la technique et de la technologie. Les pays africains ont besoin de la compétence dans de divers secteurs. C'est en misant sur des grands projets de réalisation et dans les activités des unités industrielles installées dans le continent que ce manque pourrait être gagné. L'expérience en Guinée est encourageant

---

[148] Li Xiaoyun, Tang Lixia, Xu Xiuli, Qi Gubo et Wang Haimin (China Agricultural University, P.R.China), « What can Africa Learn from China's Experience in Agricultural Development? ». Crédit : http://onlinelibrary.wiley.com/journal/10.1111/(ISSN)1759-5436

[149] Aïssatou Diallo Bah, Coopération sino-guinéenne-De l'aide bilatérale au partenariat public privé, éditions Harmattan Guinée 2017, page 43.

et donne de l'espoir, car la coopération technique sino-guinéenne a lieu dans plusieurs domaines. « *Chaque année, le gouvernement chinois invite entre 250 à 300 fonctionnaires, entrepreneurs ou journalistes guinéennes à se rendre en Chine afin de participer à des séminaires, ateliers ou formation de courte durée.* » [150] Plusieurs ingénieurs guinéens ont séjourné en Chine dans le cadre des projets des barrages de Kaleta et de Souapiti. Ceux-ci ont dû venir en Chine pour acquérir de nouvelles connaissances afin de répondre aptes aux besoins futurs. Dans la coopération médicale, l'opérationnalisation effective de l'hôpital d'amitié sino-guinéen a nécessité la formation de plusieurs médecins en Chine. Enfin, récemment a été lancé un projet : « *Booster les compétences des jeunes pour l'employabilité* [151]» entre le 5 et le 7 aout 2015. L'objectif visé, est de faciliter l'emploi des jeunes guinéens dans les différents projets en cours et futurs en Guinée, afin de permettre à un grand nombre d'entre eux, de saisir les connaissances nouvelles auprès des experts Chinois.

La multiplication des bourses de stage est d'emblée salutaire, cependant, pour toucher un grand nombre de travailleurs, l'envoi des experts Chinois sur le terrain permettra de toucher un grand nombre de bénéficiaires. Un programme d'envoi d'experts Chinois, à l'image des missions médicales dans les années « 60 » dans les secteurs prioritaires afin de booster massivement la qualification à l'interne est un excellent levier d'amélioration des compétences locales.

4. Point sur la transparence

La transparence dans la mise en place des travaux, informer le public du contenu des projets, et les enjeux qu'ils représentent pour le pays. La transparence permet de réduire les risques liés à la corruption et aux détournements des financements. La bonne gestion des projets suivie d'une rigueur constante devrait être privilégiée. Les autorités actuelles ont fait plusieurs efforts en faveur de la promotion de la transparence dans le secteur minier. C'est pourquoi le rapport annuel de l'Initiative pour la Transparence dans les Industries Extractives (ITIE)[152], est un pas

---

[150] Aïssatou Diallo Bah, Coopération sino-guinéenne-De l'aide bilatérale au partenariat public privé, éditions Harmattan Guinée 2017, page 62.

[151]Ibid. Page 92.

[152] Raport de L'Initiative pour la Transparence dans les Industries Extractives, Mai 2019. Crédit : https://eiti.org/files/documents/rapport-itie-02-guinee-2017-version-signee-3.pdf

manifeste de transparence. L'objectif, est de donner la possibilité à chaque citoyen de connaître les revenus de l'Etat, issus de l'exploitation minières. L'ITIE permet de « renforcer la compréhension du niveau des contributions du secteur extractif au développement économique et social de la Guinée en vue d'améliorer la Transparence et la bonne gouvernance dans toutes les composantes de la chaîne des valeurs. » Cependant, le chemin reste encore à parcourir. La transparence passe également par :

4.1. L'établissement d'un cadre juridique claire

Un cadre juridique accessible pour les partenaires au développement est un gage de confiance et sécurité. Depuis 2010, les nouvelles autorités guinéennes ont décidé de mettre les ressources minières du pays au cœur de la stratégie de développement du pays. Pour arriver aux objectifs, le ministère guinéen des mines et de la géologie a publié le 09 septembre 2011, le nouveau code minier.[153] Ce document consultable en ligne, permet à la fois à tous les acteurs du secteur et même les populations à la base de savoir les exigences et les dispositions juridiques en cours en Guinée dans le secteur minier.

4.2. La vulgarisation de la communication au niveau local

Ces derniers temps en Guinée, la région administrative de Boké, placée comme une Zone Economique Spéciale a été l'objet de plusieurs manifestations parfois violentes. L'une des revendications des manifestants est : la coupure de l'électricité ; la pollution ; la mauvaise cohabitation avec les engins ; le chômage…L'Etat guinéen devra renforcer la communication auprès des populations locales, permettant ces derniers à comprendre les responsabilités juridiques des entreprises. Il s'agit de distinguer la responsabilité sociale à la responsabilité juridique, la première est obligatoire tant dis que la seconde est surérogatoire. Une sensibilisation des populations locales aux enjeux nationaux que représentent les entreprises exploitantes permettra une paisible cohabitation.

---

[153] Code Minier de la République de Guinée. Crédit : http://gn.china-embassy.org/chn/jsfw/zcfg/P020150327079938675415.pdf

116

5. Stabilité Politique et responsabilité gouvernementale

La préservation d'un climat politique stable est indispensable à l'épanouissement des activités économiques. Tous les observateurs nationaux et étrangers en Guinée convergent a admettre que la stabilité politique reste encore un défi en Guinée. Certes, le pays ne connaît pas une situation de guerre. La Guinée est également un des rares pays à ne pas connaître une attaque ou un enlèvement terroriste. Cependant, les crises politiques y demeurent entrainant parfois le pays dans un ralentissement total des activités. Les crises à répétition ne sont pas exemptes des violences sociales. Il est alors indispensable de privilégier une accalmie. Les acteurs politiques sont appelés à la réserve. Les partenaires de la Guinée sont impliqués dans la résolution des conflits entre sensibilités politiques, notamment la Communauté Economique des Etats de l'Afrique de l'Ouest (CEDEAO) ; les partenaires au développement...

L'instauration d'un climat politique paisible en Guinée, est profitable à tous les partenaires au développement. Les investissements étrangers notamment chinois ont besoin de la stabilité pour atteindre les objectifs fixés. Il arrive aux guinéens de privilégier le dialogue afin de résoudre de façon pacifique la plupart de leurs dissensions socio-politiques.

Enfin, il faut mettre un accent sur la responsabilité gouvernementale. La suivie des projets et le respect des délais contractuels. L'Etat devra également améliorer la gouvernance politique, institutionnelle et économique afin de permettre une meilleure attractivité des entreprises chinoises. L'Etat devra accroitre sa capacité d'absorption des investissements chinois, en maitrisant la conception et négociations dans la mise en œuvre de l'aide publique au développement. Associer les entreprises privées guinéennes accroitra le degré d'absorption de l'aide publique chinoise au développement. L'objectif visé, est la capacité d'assurer un meilleur environnement des affaires.

6. Le développement du Tourisme

Le secteur du tourisme reste peu rentable dans l'économie du pays. Seulement 2,7% de part dans le PIB du pays. On estime chaque année, 44.000 visiteurs[154] venus de toute part. Cependant le pays regorge un grand potentiel touristique capable d'attirer plus d'un million de visiteurs par an. Le manque d'infrastructures routières, conduisant aux sites ; le manque visibilité ; et la mise en valeur des sites sont entre autres problèmes liés au tourisme en Guinée.

Depuis 2017, le secteur du tourisme bénéficie une augmentation nette au regard du budget alloué au ministère guinéen en charge. Plus de 2 millions d'euros[155] sont orientés au secteur. Le pays s'est doté de plusieurs complexes hôteliers capables d'accueillir divers touristes à travers le monde. La Chine étant le plus grand pays pourvoyeur de touristes dans le monde, peut devenir un partenaire stratégique. Chaque année plus de 100 millions de touristes Chinois affluent l'étranger, par contre l'Afrique n'est pas la destination primordiale de cette masse de touristes. Le continent africain n'absorbe que 10% des touristes Chinois. Les pays destinataires sont : l'Egypte ; l'Afrique du Sud ; le Maroc ; Kenya ; Botswana ; Tanzanie…

La Guinée peut devenir une destination prisée des touristes Chinois. Le pays bénéficie d'une faune et d'une flore riche. En tant que pays côtier, elle dispose une côte de 300 km, des plages et des îles sauvages verdoyantes de mangrove. La population demeure de nature ouverte ; chaleureuse et hospitalière. La vie y est moins chère. Ces facteurs peuvent faire du pays une destination prisée des touristes chinois en quête de changement d'air. Pour vulgariser le secteur guinéen du tourisme auprès du public Chinois, il faut :

3. Faciliter l'obtention des visas
4. Rédiger et vulgariser des guides de voyages en Anglais et Chinois
5. Etablir des vols directs entre une grande ville chinoise et la capitale guinéenne
6. Créer des compagnies de tourisme destinées aux clients asiatiques notamment chinois aux pays asiatiques

---

[154] Guide de Guinée : Politique-Economie. Crédit : https://www.petitfute.com/p120-guinee/guide-touristique/c119246-politique-et-economie.html

[155] Guinée : Développement du tourisme d'affaires. Crédit : http://www.rfi.fr/fr/emission/20170110-guinee-le-developpement-tourisme-affaires

7. Former des guides touristiques guinéens et les préparer à accueillir de touristes chinois

7. Multiplier les échanges culturels

Les échanges culturels entre Guinéens et Chinois peuvent contribuer à la bonne cohabitation entre travailleurs Chinois et Guinéens. La multiplication des échanges culturels peuvent réduire le poids des clichés, et pourra faciliter la connaissance réciproque. Aujourd'hui, on compte 6 à 7 mille Chinois[156] en Guinée, il faut dire que la cohabitation se passe jusque là bien. Pour la Guinée, le renforcement des échanges culturels passe par :

7.1.Le Chinois

La langue peut s'avérer parfois un obstacle. La Guinée éprouve encore un grand besoin de personnes sachant parler le chinois afin de servir d'interprètes. Certaines universités du pays comprennent des départements d'apprentissage de la langue chinoise, sauf que malheureusement, manquent carrément d'enseignants. En 2018, le pays a abrité le 514eme Centre Confucius au monde. Malgré sa création récente, on dénombre plus de 800 apprenants qui sont enseignés par 10 enseignants chinois. Là encore, la Guinée avait un grand retard dans l'installation d'un centre Confucius comparativement à la plupart des pays africains. Tout de même, il est à saluer l'intérêt des jeunes guinéens pour la langue chinoise. Du coté chinois, il serait envisageable au regard du nombre important des apprenants guinéens, de multiplier le nombre d'enseignants chinois afin de répondre pleinement aux attentes. Apprendre le chinois, est un gage de rapprochement entre Guinéens et Chinois. La culture s'apprend à travers la langue, et ainsi les guinéens sauront mieux sur les us et coutumes chinoises.

---

[156] Aïssatou Diallo Bah, Coopération sino-guinéenne-De l'aide bilatérale au partenariat public privé, éditions Harmattan Guinée 2017, page 101.

7.2. Organisation des Journées culturelles

L'organisation des journées interculturelle peut s'avérer également bénéfique. L'objectif c'est d'approcher guinéens et chinois au delà des préjugés. Les journées culturelles entre Chinois et Guinéens organisées en Guinée ou en Chine, permettront aux participants d'enrichir leurs connaissances et de changer leurs regards des uns envers des autres.

8. Renforcer la Coopération en matière de sécurité

La Chine aide au renforcement de la capacité militaire guinéenne. Plusieurs officiers chinois participent à la formation de l'armée guinéenne, et aident le contingent guinéen situé au Mali. Certes, la Guinée reste encore non touchée par le terrorisme, cependant celui-ci est devenu une menace réelle et existentielle pour tous les Etats africains, notamment au sud du Sahara. La coopération pour renforcer la paix et la sécurité devra être une priorité. C'est un facteur gage de stabilité et de rassurance pour les investissements chinois. La Chine pourra aider la Guinée aux renseignements mais aussi à la formation et à l'équipement du personnel de la sécurité Guinéenne.

9. Conclusion

Les relations sino-guinéennes ont connu un grand essor depuis 2010. Les investissements se sont diversifiés cependant le secteur minier reste le plus important. Plusieurs défis sont à affronter encore, qui appellent le courage et la détermination de tous les partenaires engagés. Les différentes perspectives énumérées dans ce travail sont parmi quelques-unes auxquelles il faut apporter une grande attention. L'objectif général est la satisfaction totale et effective à la fois des partenaires Chinois au développement et à la réalisation des objectifs de développement de l'Etat guinéen. Le tout devra concourir à l'amélioration des conditions de vie des citoyens guinéens et Chinois dans une coopération bilatérale plus égalitaire et plus stable.

Conclusion Générale

Après 60 ans de développement, la coopération sino-guinéenne est devenue la plus ancienne relation des coopérations entre la Chine et les pays d'Afrique subsaharienne. Les relations sino-guinéennes sans exagération aucune, sont la quintessence des relations sino-africaines. Par conséquent, en étudiant les relations sino-guinéennes, il est utile de mieux comprendre le développement des relations sino-africaines dans la seconde moitié du XXe siècle. Comme les relations entre la Chine et d'autres pays africains, les relations sino-guinéennes ont subi de profonds changements, des années 1960 à la domination de la politique et de l'idéologie en passant par [157]la transformation de la coopération économique et commerciale en position dominante dans les relations bilatérales. Dans le même temps, le statut actuel des relations sino-guinéennes est l'extension et l'approfondissement des liens historiques entre les deux parties. En particulier, la Chine a toujours soutenu les principes de sincérité, d'amitié et d'égalité pour développer des relations amicales avec la Guinée, ce qui contraste fortement avec l'attitude des pays occidentaux envers la Guinée.

La Guinée et la Chine ont signé l 'Accord-cadre de coopération sino-guinéenne en matière de ressources et de prêts" en septembre 2017. Les observateurs ont de grands espoirs à cet égard. De nombreux observateurs pensent que cela signifie que la Guinée a enfin ouvert des possibilités de développement sans précédent après 60 ans d'indépendance. L'accord stipule que la Chine accordera à la Guinée un prêt de 20 milliards de dollars américains sur 20 ans. Le prêt servira à construire des infrastructures telles que l'autoroute reliant la ville de Boffa au port de Conakry, la capitale, une ligne de transport d'électricité et une université. Plusieurs gouvernements rembourseront les bénéfices grâce à des projets en aluminium investis par les entreprises chinoises. Ces projets ne représentent qu'une petite partie des investissements chinois en Afrique, mais ils ont eu un impact profond sur le développement économique et social de la Guinée et ont insufflé une nouvelle vitalité au développement de la Guinée. Cela résoudra efficacement les problèmes du manque d'infrastructures, du manque d'électricité et du retard du développement agricole de la Guinée. Cela contribuera également à réduire l'extrême pauvreté et le taux de chômage élevé auxquels la Guinée est confrontée. En termes d'énergie, après que l'accord aura développé l'industrie énergétique locale, qui satisfera

---

[157] Olivier Mbabia, La Chine en Afrique – Histoire-Géopolitique- Géoéconomie, Ellippse Edtions Marketing S.A., 2012, p42.

largement la demande intérieure, le pays pourra devenir un fournisseur d'électricité pour les autres pays voisins. Dans le secteur minier, la production de bauxite en Guinée a considérablement augmenté en raison de la participation de nombreuses sociétés minières chinoises. Aujourd'hui, la production du pays est estimée à 60 millions de tonnes et la Chine est la principale destination de la mine de bauxite, représentant 65% des exportations de la Guinée et 40% des importations de la Chine. Selon l'accord stratégique, de nombreuses entreprises chinoises exploreront des gisements naturels en Guinée.

En examinant le développement et l'évolution des relations sino-guinéennes, il est ressort clairement que ces récents engagements contribueront à un développement plus sain des relations sino-guinéennes. Cependant les relations sino-guinéennes ne sont pas exemptes de d facteurs porteur de mauvais germes. Il faut exiger une kyrielle de principes pour faire certaine éthique indispensable. Par exemple, il devient nécessaire que les différents acteurs accordent plus d'attention aux questions écologiques et environnementales et améliorer les moyens de subsistance des populations.

Bibliographie

1. Littérature Chinoise

[1] 贺宝玉、严磊：中非关系的发展与展望.[J] 忻州师范学院学报, 2011 年第 3 期。

[2] 刘鸿武、林晨：中非关系 70 年与中国外交的成长.[J] 西亚非洲, 2019 年第 4 期。

[3] 周玉渊：中非合作论坛 15 年：成就、挑战与展望. [J] 东南亚研究, 2015 年第 6 期。

[4] 李安山： 2018 年中非合作论坛峰会展望：优势与挑战. [J]当代世界, 2018 年第 7 期。

[5] 韩振国、于永达，；非盟《2063 年议程》与中非合作论坛背景下的中非农业合作, [J] 国际经济合作, 2017 年第 12 期.

[6] 马柯瑞(Thomas C. Burnham)，历史的低音 -- 前苏联与中国对西非援助的比较 (1960~1963) [M].

[7] 郭前锋，彭威亚: 几内亚共和国矿业开发项目社区关系概述. [J] (国家电投国际投内亚)有限责任公司，北京 100000).

[8] 薛璇：演绎中几资源合作的恢弘乐章. [J] 中国宏桥走进几内亚三周年之, 2018 年第 13 期。

[9] 孟凡凯 （Meng Fenkai）：构建海外和谐发展新矿企. [J] 中国电建集团国际工程有限公司 2020 年第 1 期.

[10] 涂明辉："一带一路"建设框架下中非经贸合作的机遇 与挑战. [J] 上海师范大学, 2002 年第 34 期.

[11] 郑先武：万隆会议与东南亚区域主义发展. [J] 世界经济与政治, 2015 年第 09 期。

[12] 司建美：中国企业境外投资铝土矿背景分析及建议. [J] 轻金属, 2018 年第 8 期。

[13]黄河：几内亚铝土矿资源及投资建议浅析.[J] 世界有色金属, 2017 年 10 期。

[14] 潘昭帅 (Pan Zhaoshuai)，张照志(Zhang Zhaozhi)，张泽南(Zhang Zenan)，封国权 (Feng Guoquan,)，曹晓森(F Cao Xiaosen : 中国铝土矿进口来源国国别研究. [J] 中国矿业 , 2019 年第 2 期。

[15] 陈长伟 和牛大勇：中国开创亚非外交新局面的成功范例——万隆会议再探讨. [J] （ 中国高校社会科学), 2018 年第 04 期.

[16] 王金岩(Wang Jinyan) : 回顾历史，中非关系不断发展跃升的过程，就是克服困难、 跨越挑战的过程—中非合作之路越走越宽阔中国社会科学院西亚非洲研究所. [J] （中国 高校社会科学) , 2018 年第 04 期.

[17] 薛宣 :"一带一路"培育温暖的红壤-中国虹桥几内亚铝土矿项目全景展览.[J] (中国电 建集团国际工程有限公司)2018 年第 27 期.

[18] 高晓林: 中非经贸合作中几内亚合作项目研究. [J] (中国电建集团国际工程有限公司),2018 年第 12 期.

[19] 中非合作需要怎样的精神, 1994-2019. [J] 中国学术期刊电子出版社.

[20] 新华：几内亚将改善基础设施，以吸引更多的中国投资, [J] 2006 年第 5 期。

[21] 文|阿玛多•肯德萨•狄阿罗 (Amadou Kendessa Diallo) : 几内亚:采矿业和农业潜力巨 大[J] （几内亚的经济主要依靠采矿业，不过它也有巨大的农业潜力尚未得到开发 ） 2018.

2. Littérature étrangère

[1] Adama Gaye : Chine Afrique : le Dragon et l'Autruche. [M] Harmattan 2006, PDF.

[2] Aïssatou Diallo Bah : Coopération sino-guinéenne- De l'aide bilatérale au partenariat public- privé. [M] L'harmattan Guinée 2017.

[3] Alain Peyrefitte : Quand la Chine s'éveillera… le monde tremblera, [M] Fayard. 1976.

[4] André Lewin : Ahmed Sékou Touré (1922- 1984). Président de la Guinée de 1958 à 1984. [M] L'Harmattan Paris. 2010.

[5] Ariel Colomonos : La morale dans les relations internationales. [M] Odile Jacob (Janvier 2005).

[6] Code Minier de la Republique de Guinee.[M] Ministere Des Mines Et De la Geologie, Conakry, 09septembre 2011.

[7] Dambissa Moyo : Dead Aid, Why Aid Makes Things Worse and How There is Another Way for Africa. [M] Press Penguin 2010.

[8] Deborah Brautigam : Dragon's Deal- The real story of China in Africa. [M] Oxford University presse 2009.

[9] Discours Programme du 22 Décembre du Président Lansana conté。

[10] Huang Huaguang et Luan Jianzhang : Le rêve chinois et le monde- Interprétation de l'esprit du XVIIIe congrès du PCC, editions en langues étrangères 2013.

[11] Gengxin Dai, Ke Dai, Meixing Dai : Initiative « une ceinture et une route » : implications économiques pour l'Union européenne [J] Bulletin de l'observatoire des politiques économiques en Europe, N° 39-Hiver 2018.

[12] Initiative pour la Transparence dans les Industrie Extractive (ITIE Guinee). [M] Rapport 2017-2019.

[13] Jean-Jacques Rochet : Théories des Relations Internationales (4e édition). [M] Montchrestien,2010 PDF.

[14] Joseph Owona : La nouvelle voie chinoise ou l'air pur du soir. [M] Berger-Levrault, mai 1986.

[15] Jean Baptiste Duroselle : Histoire des Relations Internationales de 1919-1945, 12eédition 2001.

[16] Lamine Kamara : Les Racines de l'Avenir- Réflexion sur la première République de Guinée. [M] L'harmattan Guinee 2012.

[17] Le petit livre rouge-Citations de Mao Tse tsoung (XVIII le patriotisme et l'internationalisme)[M] .

[18] Les relations entre la Guinée et la Chine : commerce, investissement et aide. [J] Groupe de Recherche et d'Appui au Développement Economique et Social (GRADES) sous l'initiative du consortium pour la recherche économique en Afrique (ECONSOR).

[19] Li Junru : Que saviez-vous du parti communiste chinois. [M] Editions Langues Etrangères 2011.

[20] Li Xiaoyun, Tang Lixia, Xu Xiuli, Qi Gubo et Wang Haimin « What can Africa Learn from China's Experience in Agricultural Development? » [J] (China Agricultural University, P.R.China), 2013.

[21] Lucie Ngono : La coopération Chinoise et le Développement en Afrique Subsaharienne : Opportunités ou Impacts ? [D] Université du Quebec à Montréal, Janvier 2017.

[22] Martin Jacques : When China rules the world- The End of the western world and the birth of a new global order. [M] The Penguin press (New-York 2009).

[23] N'Da, Paul : « Recherche et méthodologie en sciences sociales et humaines.» [M] L'Harmattan Paris 2015.

[24] Olivier Mbabia : La Chine en Afrique – Histoire-Géopolitique- Géoéconomie. [M] Ellippse Edtions Marketing S.A. , 2012.

[25] Pierre Picquart : L'Empire chinois- Mieux vaut comprendre le futur numéro 1 mondial : histoire et actualité de la diaspora chinois. [M] Ed Favre SA 2004.

[26] Politique Nationale de développement agricole vision 2015- volume III. [J] Le ministère de l'Agriculture, de l'Elevage, de l'environnement et des Eaux et Forêt, 2015.

[27]Paul Martial : La Chine-Afrique, Chine-Afrique : nocives illusions – La Chine est devenue une puissance impérialiste de premier plan(ESSF). [M] Ed. l'Anticapitaliste La Revue, n°101, Octobre 2018.

[28] Philippe Barret : N'ayez pas peur de la Chine. [M] Robert laffont, Paris 2018.

[29] Samir Amin : L'éveil du Sud- L'ère de Bandoung 1955-1980, Panorama politique de l'époque. [M] Editions : le temps des cérises.

[30] Serge Bethier : Le choc- La Chine en marche. [M] Mettis éditions 2013.

[31] Serge Michel et Miche Beuret : La Chinafrique. [M] Editions Grasset et Fasquelle 2008.

[32] Wu Yuan : La Chine et l'Afrique : 1956-2006. [M] China international press 2006.

[33] Xavier Aurégan : Taiwan en Afrique : Un anachronoisme en voie de Résorption. [M] IRIS(Institut des Relations Internationales et Strategiques), Avril 2017.

[34] Xi Jinping : La gouvernance de la Chine, Discours du leader Xi au centre de conférence internationale Nyéréré en Tanzanie (25 mars 2013).

3. Articles de Presse

[1] Aliou : Electricité en Guinée : Le casse-tête de tous les régimes. [J] Madina-men, -28 septembre 2018.

[2] Anne Kappès-Grangé et François Soudan : Guinée-Alpha Condé : « J'ai hérité d'un pays sans Etat». [J] Jeuneafrique (Economie et Finance), 16 Juillet 2012.

[3] Charles Bouessel du Bourg : Mines : la Chine et la Guinée signent un accord à 20 milliards de dollars. [J] Jeuneafrique (Economie-Finance), 08 septembre 2017.

[4] China-Africa Business Council. Crédit ; http://en.cabc.org.cn/?c=abouts&a=francais

[3] Diawo Barry : Guinée : Le Grand Boom de la bauxite [J] Jeune Afrique 16 mai 2019.

[4] Diawo Barry : Guinée : SMB annonce la construction d'une voie ferrée et d'une raffinerie pour trois milliards de dollars. [J] Jeuneafrique (Econmie-Finance), 26 novembre 2018.

[5] Emmanuel Atcha: Sécurité routière : En Guinée les Routes continuent de faire des victims. [J] La Tribune Afrique, 18/11/2018.

[6] Frédéric Garat : Alpha Condé: on doit «donner du travail à la jeunesse africaine » [J] Rfi, 29 novembre 201).

[7] Guide de Guinée : Politique et Economie. [J] Petit Futé 2017.

[8] Guinée est exempte de la transmission du virus Ebola. L'épidemie avait commencé fin 2013 dans le pays. [J] Le Point International, 29/12/2015.

[9] Guinée. Sommet des BRICS : Alpha Condé Decroche 20 milliards de dollars de Financement. Le 360(Média Digital Marocain) 07/09/2017.

[10] Haby Niakate: Hôtelerie: Pluie d'étoiles sur Conakry. [J] Jeuneafrique (Economie-Finance) 20 février 2014.

[11] Keita Moussa: Belt and Road opens new path for Guinea. [J] Chinadaily, 2018/08/21.

[12] La Banque mondiale en Guinée : Guinée-Vue d'ensemble, 2019.

[13] L'OMS annonce pour la deuxième fois la fin d'Ebola en Guinée. [J] Le Monde Afrique, 01 juin 2016.

[14] La Guinée, le géant de la bauxite. [J] Perspectives, 18/12/2018.

[15] Lansana Conté : Discours Programme du président Lansana Conté : Le 22 Decembre 1985.

[16] Le passage du Dr Kassory Fofana (Actuel Premier ministre Guinéen) sur les antennes de la Radio Télévision Guinéenne (RTG), passage transcrit par Jeune Afrique.

[17] Le Président Condé qualifie d'exceptionnel l'accord minié signé avec la Chine. [J] A Nous la Guinée, 2017 .

[18] Louis Berger : Grand Conakry Vision 2014, Union Européenne et Guinée,(video)2017 .

Ministère du plan et de la Cooperation Internationale : Fiche n°13 de projet en recherche de financement. Crédit : https://apip.gov.gn/fich_projet/fiche-de-projet-coyah-mamou-dabola-370-km.pdf

[19] Ministere de l'Agriculture, de l'Elevage, de l'Environnement et des Eaux et Forêts : Politique Nationale de Développement Agricole Vision 2015, Volume III : Plan d'action [M] 2017.

[20] Olivier Bain : L'Agriculture en Guinée à l'aube de l'an 2000, Afrique Histoire. [J] Figaro(Economie-Politique).

[21] Olivier Caslin : Chine-Afrique : Plus de 200 accords de Coopération négociés à Pélin après le FOCAC. [J] Jeuneafrique (Economie-Finance), 25 juin 2019.

[22] Ousmane Kaba espère que ces investissements se feront. [J] Chinemagazinem sep 11/2017.

[23] Présidence – Energie : La convention de concession du barrage Amaria signée. [J] Guinéenews, 02 mai 2019.

[24] Tanguy Berthemet : La Chine déverse ses Milliards sur la Guinée. Malgré les massacres de la junte guinéenne, Pékin est prêt à investir entre 7 et 9 milliards de dollars dans ce pays

d'Afrique, l'un des plus pauvres au monde, mais doté d'importantes réserves de bauxite. [J] Figaro (Economie), 16 OCtobre 2009.

[25] Telimele : Les Travailleurs de CDM-Chine en Grève. [J] Guinéematin, 10 Avril 2019.

[26] Une édition de l'émission les dessous des cartes, Chinafrique ? Qu'on peut trouver sur ce lien https://www.youtube.com/watch?v=Ie-VTFJzSdY

[27] Union Guinée-Ghana, 03 Decembre 1958 (video).

[28] Victor Bérenger : Guinée : Un investissement Chinois de 2,89 milliards de dollars dans l'exploitation de la bauxite. [J] Jeuneafrique (Economie et Finance), 03 janvier 2018.

Remerciements

Mes remerciements vont d'abord à l'endroit de tous les honorables amis étudiants ; compagnons de route dont j'ai eu le privilège de connaître durant mon séjour universitaire. Les débats et les causeries partagés ensemble ont été d'une valeur inestimable pour l'équilibre et la paix intérieure de ma personne. Remerciements aux enseignants et encadreurs de l'institut des études africaines de Zhejiang Normal University, notamment : Mon Superviseur Mr Li Pengdao ; Prof Yoro Diallo et Dr Michael pour leur ouverture et tolérance vis à vis de ma folle énergie de jeune étudiant chercheur. Sans oublier également Mme Shen Hon pour son dévouement prouvé durant tout mon séjour au dit institut. Remerciements à l'endroit d'une amie à la fois une seconde mère ; Marie (Prades en France), qui a eu la gentillesse de m'offrir des livres dont leurs pertinences se sont avérées indispensables à la production de ce mémoire. Enfin, je ne saurai terminer sans adresser mes profonds remerciements et reconnaissances à mes deux parents, frères et sœurs, qui ont toujours su garder leurs entières confiances en ma modeste personne. Je dédie ce travail à l'amitié et à l'amour, seuls véritables facteurs d'épanouissement de l'être humain.

Annexe

Annexe N°1

Tableau 7 Accords Economiques et Techniques non remboursables, 1995-2007

N°	Désignation	Date et Signature
1	Accord de Coopération Economique et Technique	03/11/1995
2	Accord de Coopération Economique et Technique	17/06/1996
3	Accord de Coopération Economique et Technique	28/12/1997
4	Accord de Coopération Economique et Technique	11/06/1998
5	Accord de Coopération Economique et Technique	09/10/1999
6	Accord de Coopération Economique et Technique	14/09/2000
7	Accord de Coopération Economique et Technique	13/02/2001
8	Accord de Coopération Economique et Technique	08/11/2002
9	Accord de Coopération Economique et Technique	16/05/2003
10	Accord de Coopération Economique et Technique	26/10/2004
11	Accord de Coopération Economique et Technique	05/07/2007

Sources : *journal de l'économie guinéenne*, n°24/25, hors-série Coopération Chine Guinée. Tiré dans : Coopération sino-guinéenne. De l'aide bilatérale au partenariat public-privé, Aïssatou Diallo Bah, L'harmattan Guinée, 2012 Annexe.

Annexe N°2

Tableau 8 Les ressources minières en Guinée

N°	Ressources	Quantité	suite	Ressources	Quantité
1	Bauxite	40 000 000 000 T.	13	Calcaire	Non quantifié
2	Or	350 000 000 T.	14	Graphite	Non quantifié
3	Diamant	40 000 000 C.	15	Cuivre	Non quantifié
4	Fer	10 000 000 000 T.	16	Zinc	Non quantifié
5	Nikel	185 000 T.	17	Plomb	Non quantifié
6	Béryllium	76 000 T.	18	Cobalt	Non quantifié
7	Tourmaline	Non quantifiée	19	Manganèse	Non quantifié
8	Grenat	Non quantifié	20	Argent	Non quantifié
9	Corindon	Non quantifié	21	Granite	Non quantifié
10	Rubis	Non quantifié	22	Marbre	Non quantifié
11	Saphir	Non quantifié	23	Gabbros	Non quantifié
12	Uranium	Non quantifié	24	Pétrole	Non quantifié

T= tonne ; C= carat Source : **Direction Nationale des mines, 2010**

Sources : Direction Nationale des Mines 2012, tiré dans l'article : *Exploration minière et développement durable en Guinée : impacts du cadre réglementaire* par Sory SOW

Annexe N°3

Liste des différents Ambassadeurs Chinois et Guinéens accrédités En Guinée et en Chine.

Tableau 9

N0°	Ambasadeurs Guinéens à Pekin	Periode	Ambassadeurs Chinois à Conakru	Période
1	Camara Moussa Sanguiana	Avril 1961-Février 1966	Ke Hua	Avril 1960-Mai1964
2	Camara Mamady	Avril 1963-Février 1966	Chai Zemin	Septembre 1964-Juin 1967
3	Camara Sekou	Mars 1966-Mars 1969	Han Kehua	Juillet 1969-Juin 1974
4	Kamano Ansu	Avril 1969-Février 1971	Qian Qichen	Aout 1974-Novembre1976
5	Diop Amadou	Mars 1971-Octobre 1972	Peng Hua	Février 1977-Octobre 1980
6	Camara Aboubacar	Novembre 1972-Juin 1977	Kang Xiao	Avril 1981-Decembre 1983
7	Yansane Sekou	Juillet 1977-Juin 1978	Yu Huimin	Octobre 1984-Mars 1990
8	Kourouma Daouda	Juillet 1978-Avril 1981	Jiang Xiang	Mai 1990-Avril 1994
9	Diallo Habib	Avril 1981-Aout 1983	Kong Minghui	Juin 1994-Fevrier 1998
10	Grovogui Koikoi	Septembre 1983-Novembre 1984	Xu Mengsui	Mars 1998-Octobre 2000

11	Camara Fode Djibril	Decembre 1984-Juin 1986	Shi Tongning	Octobre 2000-Avril 2001
12	Sow Abdourahamane	Avril 1987-Mars 1990	Gong Yuanxing	Juillet 2001-Janvier 2004
13	Camara Abou	Avril 1990-Mars 1996		
14	Conde Mamady	Avril 1996-Decembre1999		
15	Camara Djibril	Septembre 2000-Decembre 2006		
16	Diare Mamady	Aout 2007-Mars 2014		
17	SOW			
18	Touré Saramady	2019		

Source : Ambassade de Guinée à Pékin

Annexe N°4

Tableau 10: FOCAC)

N°	日期和地点	主持人物	主要决定	参股
1	2000年10月10日至12日在北京	江泽民	愿意在各个领域进行交流：政治，健康，文化，教育，能源，旅游，环境。取消32个国家的债务和12亿美元的贷款协议。	4位非洲总统和非统组织秘书长（萨利姆艾哈迈德萨利姆博士）
2	2003年12月15日至16日埃塞俄比亚	Meles Zenawi（埃塞俄比亚总理）	30亿美元的贷款。	6位现任总统，中国总理（温家宝），三位副总统，两位总理，前马里总统，负责非洲联盟委员会（Alpha Oumar Konare）。联合国秘书长。

			70名中国部长和44个非洲国家。
3	2006年11月3日至5月5日在北京	胡锦涛	授予30亿笔贷款。	
4	2009年11月8日至9日在沙姆沙伊赫（埃及）	胡斯尼穆巴拉克	授予100亿美元贷款。	49个国家由总统，副总统，总理和部长代表。八位非洲总统和14位总理，副总统兼非洲大会主席（加蓬）。
5	2012年7月19日至20日在北京举行	胡锦涛	授予200亿美元贷款。	50位领导人（总统，总理，部长）
6	2015年12月4日至5日在约翰内斯堡举行	雅各布祖马	600亿美元	
7	2018年9月3日至4日在北京	习近平	600亿美元	代表除 E-swatini之外的

			53个国家

Source : Mémoire « La coopération Chinoise et le Développement en Afrique Subsaharienne : Opportunités ou Impacts ? » Par Lucie Ngono, Uiversité du Quebec à Montréal, Janvier 2017 p 44.

Annexe N°5

拖轮拖着驳船沿着纽内兹河向海上锚地前行

来自： Tu Minghui « *Opportunities and Challenges of China-Africa Economic and Trade Cooperation under the Framework of the"Belt and Road"* » (Shanghai Normal University, Shanghai 200234).

附录 N°6

Note de l'éditeur : cette image a été supprimée pour des raisons de droits d'auteur

离开041矿区营地前，记者与中外员工合影

Tu Minghui « *Opportunities and Challenges of China-Africa Economic and Trade Cooperation under the Framework of the "Belt and Road"* » (Shanghai Normal University, Shanghai 200234

Annexe N°7

2018年1月16日，几内亚总统孔戴(中)再次接见山东魏桥创业集团副董事长、中国宏桥集团行政总裁张波(左)，韦立国际总裁孙修顺(右). 来自：Ibid.

Annexe N°8

Source : Source : Huang He, « *Analysis on the bauxite resources and investment advices in Guinea* », (Guiyang Aluminum & Magnesium Design and Research Institute Co.,Ltd, Guiyang 550081,China), (2017)10-0022-4.

Note de l'éditeur : cette image a été supprimée pour des raisons de droits d'auteur

Annexe 9 :

Note de l'éditeur : cette image a été supprimée pour des raisons de droits d'auteur

_____